Isabel Nitzsche

Spielregeln
im Job

Isabel Nitzsche

Spielregeln im Job

Wie Frauen sie durchschauen und für sich nutzen

Kösel

ISBN 3-466-30634-5
© 2003 by Kösel-Verlag GmbH & Co., München
Printed in Germany. Alle Rechte vorbehalten
Druck und Bindung: Kösel, Kempten
Umschlag: 2005 Werbung, München
Umschlagmotiv: imagedirekt

Inhalt

Einleitung 7

Kapitel 1
Männer und Frauen
handeln anders im Job –
wie kommt's? 11

Hierarchische Systeme – anziehend für Männer, befremdlich
für Frauen 12
Eine Frage des Selbstbewusstseins: Männer fühlen sich
als »Kings«, Frauen oft als »Aschenputtel« 14
Das unterschiedliche Verhalten der Geschlechter und die
Gründe dafür 16
Sinn und Unsinn von Klischee-Vorstellungen 26

Kapitel 2
Knacken Sie den Männer-Code!
Wie Frauen die Spielregeln im Job clever nutzen................................. 29

1. Macht ist etwas Tolles 31
2. Es gibt immer einen Platzhirsch............. 50
3. Verantwortung für neue Aufgaben ist attraktiv 73
4. Männer haben Mut zum Risiko............... 85
5. Jungs spielen lieber mit Jungs 96
6. Die Old Boys kennen und helfen sich........... 104
7. Verbündete müssen gesucht und gepflegt werden... 110
8. Die Rolle »Fleißiges Lieschen« kennen Männer nicht. 125
9. Männer ertragen keinen Gesichtsverlust 133
10. Männer geben nicht zu, dass sie etwas nicht verstehen........................ 144

Schlussbemerkung
Sich selbst und die Spielregeln ändern......... 148

Literatur............................. 154
Danksagung 157
Frauennetzwerke......................... 158
Kontaktadresse 160

Einleitung

»Was soll dieses Gerede von der Gleichberechtigung? Was wollen diese Emanzen eigentlich?« – Diese Fragen stellte ich mir Mitte der 70er-Jahre, mit 15, 16 Jahren. Ich bin die Älteste von drei Geschwistern und wuchs mit meinen zwei jüngeren Brüdern sehr liberal auf. Meine Mutter hat zwei ältere Brüder, die sie im Haushalt bedienen musste, und ich, als ihre Tochter, sollte es besser haben. Und so war es auch. Ich musste als Mädchen nicht mehr im Haushalt helfen als meine Brüder. Ich musste nicht zu absurd frühen Uhrzeiten nach Hause, durfte woanders übernachten und mit 15 Jahren mit einer Freundin allein nach Griechenland fahren. Sicher, ich ärgerte mich schon als Kind darüber, dass in meinen Schulbüchern die Mütter immer Hausfrauen waren und die Väter interessante Berufe hatten. Ich war stolz, als meine Mutter wieder halbtags als Sozialpädagogin arbeitete. Und ich kämpfte in der sechsten Klasse an meinem Gymnasium dafür, anstatt des Handarbeitsunterrichts für Mädchen, den ich noch nie gemocht hatte, den viel interessanteren Werkunterricht besuchen zu dürfen, der nur für die Jungs vorgesehen war. Das waren aber auch die einzigen Erlebnisse, bei denen ich mich im Nachhinein als Mädchen diskriminiert fühlte. Es war klar, dass ich Abitur machen und studieren würde – die Frage war nur noch was. Ich fühlte mich gleichberechtigt, dachte, dass die Welt mir offen stünde, und Unterschiede zwischen den Geschlechtern waren außer in biologischer Hinsicht kein Thema für mich.

Die erste große Überraschung gab's dann Anfang der 80er-Jahre an der Uni. Jede Menge Frauen, die alle auch Germanistik und Romanistik studierten. Doch schon bei den Doktorandinnen waren kaum mehr welche zu finden. Und Professorinnen? Fehlanzeige – bis auf ganz wenige Ausnahmen. Das gab mir zu denken. Bei meinem Praktikum bei einem Landesbüro einer Nachrichtenagentur war unter zwölf Redakteuren eine Frau. Beim Bonner Büro, das damals für die Berichterstattung über die Bundespolitik verantwortlich und damit natürlich bedeutsamer war, gab's auch eine Frau, aber rund 30 Männer. Seitdem fiel mir nicht nur auf meinem Feld, dem Journalismus, auf, dass in den Jobs und Bereichen, die mit Prestige, Macht und Geld verbunden waren, so gut wie keine Frauen zu finden waren. Zum Glück hat sich das inzwischen etwas zum Besseren entwickelt – aber wie wir alle wissen, sind wir von einer wirklichen, auch zahlenmäßigen Selbstverständlichkeit von Frauen in Führungspositionen und in interessanten Bereichen noch weit entfernt. Die Gleichberechtigung zwischen Jungen und Mädchen, die ich während meiner Schulzeit erlebte, hatte plötzlich nichts mehr mit der Situation an der Uni und später auch im Job zu tun.

Der Grund dafür liegt nicht ausschließlich darin, dass Frauen sich immer noch primär um die Kinderbetreuung und -erziehung kümmern und sich völlig oder weitgehend selbst aus dem Arbeitsleben verabschieden. Sondern auch darin, dass Wirtschaft in weiten Teilen immer noch eine Männerdomäne mit eigenen Regeln ist.

Frauen haben die besseren Schulabschlüsse und die besseren Hochschulexamen. Erstmals studieren mehr Frauen als Männer und Frauen haben oft eine super Ausbildung mit diversen interessanten Praktika. Doch wer meint, für Frauen und Männer sei am Arbeitsplatz alles gleich, irrt gewaltig. Denn es gilt: Noch immer ist die Wirtschaft männerdominiert. Die meisten Entscheidungen werden von Männern getroffen, die Spielregeln im Job bestimmen in der Regel immer noch sie. Den Frauen fehlt etwas Entscheidendes im Gepäck bei der Reise in die Arbeitswelt. Wer in einem fremden Land Geschäfte machen will, versucht sich mit den Gegebenheiten und Regeln dort vertraut zu machen. »Interkulturelles Training« ist nötig, heißt es dann. Im Job gehen viele Frauen davon aus, dass Männer und Frauen dort unter denselben Gegebenheiten arbeiten. Sie übersehen, dass sie sich als Frauen auf fremdem Terrain bewegen, und zwar deshalb, weil sie auf diesem Gebiet erst seit relativ kurzer Zeit mitspielen.

Die Männer dagegen, seit Jahrhunderten in der Wirtschaft erprobt, haben die Regeln gemacht, beziehungsweise sie verhalten sich im Job nach den Regeln, die ihnen vertraut sind. Frauen sind diese Regeln meist fremd, aber was diese Tatsache für ihren Erfolg oder ihr Scheitern im Beruf bedeutet, ist ihnen oft gar nicht klar. In der Sprache des Fußballs ausgedrückt spielen Männer meist ein Heimspiel, während es für Frauen ein Auswärtsspiel ist. Umso wichtiger ist es deshalb, über die Spielregeln Bescheid zu wissen. Was nicht heißt, sie notwendigerweise dann auch sklavisch zu befolgen. Aber jede Frau sollte sich zumindest bewusst entscheiden, warum sie wann gegen welche Regel verstößt und nicht hinterher erstaunt sein, dass dieser Verstoß bei Männern verständnislose Reaktionen hervorruft. Machen Sie sich diese Spielregeln daher bewusst und überlegen Sie, ob Sie ihnen folgen wollen. Auch wie hoch der Preis ist, wenn Sie gegen eine Spielregel verstoßen, ist eine wichtige Frage und ob Sie bereit sind, diesen Preis zu bezahlen. Oder wie Sie es schaffen können, die Regeln zu ändern.

Die Wirtschaft ist in weiten Teilen noch immer eine Männerdomäne mit eigenen Regeln.

Die Spielregeln, die im Folgenden detailliert betrachtet werden, gelten vor allem in großen Old-Economy-Konzernen. Natürlich gibt es einzelne Firmen im Bereich New Media und Informationstechnologie, die anders geprägt sind. Doch aufgepasst: Oft sind die Strukturen dort einfach nur nicht so sichtbar, weil alle so »locker drauf« sind und alle sich duzen. Und natürlich gibt es inzwischen auch »moderne« Männer im Job, die nicht alle Spielregeln gleichermaßen beherzigen wie ihre älteren Kollegen in konservativeren Unternehmen. Doch sich diesen grundsätzlichen Rahmen einmal klar zu machen, hilft Frauen zu erkennen, wo häufige Konfliktpunkte liegen. Sie können sich auch selbstständig machen und in ihrem eigenen Team eigene Regeln aufstellen. Die männlich dominierte Wirtschaft wird sich jedoch so schnell nicht ändern, und sie werden diesen Spielregeln auch bei Kunden, Geldgebern und Mitbewerbern auf Schritt und Tritt begegnen.

Der erste und damit wichtigste Schritt ist, die Regeln überhaupt zu erkennen. Dabei will dieses Buch helfen. Allerdings geht es nicht darum, dass Frauen wie geklonte Männer agieren sollen. Sie sollen sich nicht verbiegen, verleugnen und um jeden Preis anpassen. Abgesehen davon, dass Sie sich so in ihrer Haut kaum wohl fühlen würden, Sie wären für ihre männliche und weibliche Umgebung auch nicht überzeugend. Sie wären nicht »authentisch«, Sie wären nicht Sie selbst. Es geht darum, dass Sie ein besseres Verständnis dafür bekommen, wie Männer im Job »ticken«, um so cleverer voranzukommen. Es geht darum, sich über das System und seine Mitspieler klar zu werden und die eigenen Spielzüge schlau zu planen.

Auch wenn es banal klingen mag: Wenn Sie nach Spielregeln Ausschau halten, ist es wichtig, die Arbeitswelt als Spiel zu betrachten. Auf diese Weise können Sie das ganze Jobleben sportlicher und entspannter sehen. Gerade wer im Job sehr stark auf Leistung setzt, neigt zu großer Ernsthaftigkeit – etwas mehr Lockerheit kann Ihrem Verhalten und Ihren Entscheidungen im Beruf nicht schaden.

Der Gedanke des »Spiels« schafft aber auch nützliche Distanz. Anstatt in einer Art Opferhaltung zu denken, »Was passiert mit mir?«, haben Sie die Chance, Ihren Joballtag aus der aktiven Position einer Mitspielerin zu sehen, die dieses oder jenes tun oder lassen kann, und auch bei der nächsten Runde das Spiel wieder ganz anders spielen kann. In diesem Sinne wünsche ich Ihnen viel Spaß beim Lesen – und beim Spielen!

Kapitel 1

Männer und Frauen handeln anders im Job –

wie kommt's?

Die Verhaltensweisen in der Wirtschaft haben sich über die Jahrhunderte hinweg unter Männern herausgebildet. Bei einigen Spielregeln machte es Sinn, sie offiziell festzulegen und zu formalisieren, wie etwa dem Arbeitsrecht. Informelle Spielregeln festzuschreiben war jedoch nicht nötig, da sie den meisten Männern unbewusst sowieso vertraut waren und sind. Bevor wir uns näher mit den einzelnen Spielregeln der Männer im Joballtag beschäftigen, sollten wir uns die unterschiedliche Ausgangssituation von Männern und Frauen vor Augen rufen. Das Auffälligste dabei: Männer haben meist eine völlig andere Einstellung zu Macht und Hierarchie als Frauen. Und sie haben eine bei weitem bessere Meinung von sich selbst als die meisten Frauen. Beides hat starke Auswirkungen im Arbeitsleben. Über die

Gründe für das unterschiedliche Verhalten und die unterschiedliche Selbsteinschätzung gibt es in der Forschung eine Fülle von Theorien. Die hilfreichsten Erklärungsmuster werden im Folgenden kurz vorgestellt. Denn: Wenn man erst einmal weiß, warum der andere anders tickt, ist es oftmals leichter, die entscheidenden Schritte zu unternehmen und mit distanzierterem Blick clevere Handlungsstrategien zu entwickeln.

HIERARCHISCHE SYSTEME – ANZIEHEND FÜR MÄNNER, BEFREMDLICH FÜR FRAUEN

Jahrhundertelang herrschte weitgehend klare Rollenteilung: Der Mann war für den materiellen Unterhalt der Familie zuständig, die Frau fürs Großziehen der Kinder. Die Strukturen der Arbeitswelt haben sich unter Männern herausgebildet, die wenig Verantwortung für Privatleben und Familienalltag hatten. Wie tief verankert diese Aufteilung in unserer Gesellschaft ist, zeigt sich daran, dass nur ein ganz langsamer Wandel hin zu arbeitenden Müttern in verantwortungsvollen Positionen und zu miterziehenden und im Beruf zurücksteckenden Vätern zu sehen ist. »Maskuline« Eigenschaften wie Durchsetzungsfähigkeit, Zielstrebigkeit und Entscheidungsfreude haben Männern bisher die Führungspositionen in der Wirtschaft gesichert. So gut wie alle von ihnen begreifen das Jobsystem als hierarchisches System, in dem es gilt, sich an die Spitze zu setzen. Selbst den Männern, die nicht in erster Linie im Beruf Karriere machen wollen, ist bewusst, dass das Spiel so läuft und welchen Mechanismen es gehorcht. Kein Wunder, dass Männer im Hinblick auf ihre Rangposition empfindlich reagieren, wenn eine Frau besser ist als sie. Das bestätigt die von Psychiatrie-Professor Jules Angst geleitete Zürich-Studie, eine Langzeituntersuchung zur psychischen Gesundheit der Durchschnittsbevölkerung.

Für viele Frauen stellt sich die Lage ganz anders dar. Sie können sich nicht vorstellen, dass sich ihre männlichen Vorgesetzten durch sie bedroht fühlen, und nur hilflos feststellen: »Ich will doch seine Position gar nicht. Ich säge doch gar nicht an seinem Stuhl.« Frauen verstehen einfach nicht, wo das Problem liegt, da nur die wenigsten von ihnen einen männlich geprägten Begriff von Macht und Hierarchie haben. In der Regel können sie mit dieser Denkweise wenig anfangen, da es ihnen in erster Linie um die Inhalte ihrer Arbeit und die Beziehungen untereinander geht. Sie haben eine andere Perspektive. Ihre Kinder liebevoll aufzuziehen und die Familie zusammenzuhalten – das stand bisher meist im Vordergrund. Der Beruf spielt bei Frauen gesellschaftlich betrachtet erst seit wenigen Jahrzehnten eine Rolle. Interessanterweise haben Frauen, egal, ob sie tatsächlich Mütter sind oder nicht, ihre Beziehungsorientierung auf den Beruf übertragen. Im Job wollen sie sich vor allem wohl fühlen – und allen anderen im Team soll es auch gut gehen. Dabei stehen Frauen als Führungskräfte oft unter größerem Beweisdruck als Männer. Männern wird von vornherein als Leiter einer Gruppe mehr vertraut, unabhängig von der Leistung, die sie mit ihrem Team erreichten, berichtet die Psychologin Nathali Klingen. Für ihre Forschungsarbeit zum Thema »Führungsstil bei Männern und Frauen« wurden Versuchspersonen aus verschiedenen Berufen zu kleinen Teams zusammengestellt, die gemeinsam eine Reihe von Aufgaben lösen mussten. Dabei wurden verschiedene Arten der Gruppenorganisation ausprobiert – etwa die Festsetzung oder Wahl eines Führers beziehungsweise das Arbeiten in Gruppen mit gleichberechtigten Teilnehmern. Das Ergebnis: Männer bevorzugen hierarchische Strukturen. Frauen hingegen zeigten sich motivierter und zufriedener, wenn die Führung in der Gruppe rotiert oder niemand eine herausragende Rolle spielt. Weiterhin zeigte die Studie, dass Frauen stärker auf die Stimmung im Team achten. Männer hätten dagegen vor allem das Arbeitsergebnis im Blick. Beide Verhaltensweisen haben Vorteile: Nathali Klingen rät Frauen, die in der Berufswelt mit Führungsaufgaben konfrontiert sind, stärker auf die Aufgabenstellung zu achten: Wenn schnelle Ergebnisse gewünscht werden, müsse die Befindlichkeit der Mitarbeiter vorübergehend auch einmal ignoriert werden. Umgekehrt rät sie Männern, mehr auf die Stimmung unter ihren Mitarbeitern zu achten. Die Qualität des Teamergebnisses hänge auch von der Motivation der Mitarbeiter ab.

Dadurch, dass Männer die Mehrheit in Führungspositionen stellen, hat allerdings das männliche Verständnis von Macht und Hierarchie einen ganz wesentlichen Einfluss auf die Spielregeln im Job. Doch nicht nur das Bezugssystem unterscheidet sich dramatisch, auch die innere Ausgangssituation ist bei Frauen und Männern im Job völlig unterschiedlich.

EINE FRAGE DES SELBSTBEWUSSTSEINS: MÄNNER FÜHLEN SICH ALS »KINGS«, FRAUEN OFT ALS »ASCHENPUTTEL«

Der Unterschied im Selbstbewusstsein zwischen Männern und Frauen ist eklatant. Während Frauen oft mit sich selbst unzufrieden sind, sind Männer stolz, Männer zu sein. Sind Frauen vorsichtshalber erst einmal der Meinung, etwas Neues nicht zu können, sind Männer hundertprozentig davon überzeugt, dass sie die neue Aufgabe bewältigen werden. Von Zweifel keine Spur. Diverse Studien haben gezeigt, dass Männer bei den Kategorien »Selbstbewusstsein« und »Impression Management« besser abschneiden als Frauen. Kein Wunder, dass sie gern das Wort ergreifen und sich präsentieren. Frauen im Business hingegen legen sich selbst Steine in den Weg, weil sie durch die abwertende Haltung sich selbst gegenüber zu starker Zurückhaltung neigen. Erschwerend kommt hinzu, dass sie diese negative Einschätzung auch auf andere übertragen. Männer meinen nicht nur von sich selbst, dass sie die Kings, die Tollsten und Besten sind. In der Regel gehen sie auch davon aus, dass die anderen Kerle ebenfalls in Ordnung sind. Männer schätzen sich untereinander – sogar, wenn sie in der Rangordnung um einen besseren Platz kämpfen. Von Frauen kann man das leider (noch) nicht auf breiterer Basis behaupten. Frauen stehen anderen Frauen oft äußerst kritisch gegenüber, nämlich mit derselben Haltung, die sie auch sich selbst gegenüber an den Tag legen. Doch viele Frauen entwickeln sich weiter. Sie bauen ihr Selbstbewusstsein aus und sind inzwischen auch bereit, andere Frauen zu akzeptieren und zu unterstützen, zum Beispiel in Netzwerken.

Problematisch ist, dass viele Frauen aus der mangelnden Wertschätzung sich selbst gegenüber – oft verbunden mit einem überaus perfektionistischen Anspruch an sich selbst – auch Männer im Job oft nicht schätzen können. So beginnt ein Teufelskreis. Die Männer merken unbewusst, dass sie nicht geschätzt werden. Sie spiegeln dieses Verhalten, indem sie der Frau gegenüber eine Abneigung entwickeln – und dann beispielsweise gar nicht auf die Idee kommen, sie zu fördern.

Die Unterschiede im Selbstbewusstsein sind eng mit althergebrachten, aber immer noch wirksamen Vorstellungen von »weiblich« und »männlich« verknüpft. So wird Weiblichkeit landläufig durch eher geringes Zutrauen in die eigenen Fähigkeiten, die Abwertung der eigenen Person und/oder des eigenen Geschlechts und Selbstzweifel insbesondere in beruflichen und »männlichen« Bereichen wie Naturwissenschaft, EDV und Technik definiert. Männlichkeit hingegen wird mit vergleichsweise großem Zutrauen in die eigenen Fähigkeiten und der Aufwertung der eigenen Person beziehungsweise des eigenen Geschlechts verbunden.

DAS UNTERSCHIEDLICHE VERHALTEN DER GESCHLECHTER UND DIE GRÜNDE DAFÜR

Wie haben sich diese unterschiedlichen Ausprägungen eigentlich entwickelt? Das Angebot an Erklärungsmustern ist groß. Einige Theorien verweisen auf Prinzipien der Evolution und erklären die höhere männliche Aggression und Dominanz als das Ergebnis von Auswahlprozessen im Kampf um weibliche Sexualpartner. Andere beziehen sich auf die Arbeitsteilung in der Steinzeit und auf historische Entwicklungen. Soziale Theorien konzentrieren sich unter anderem auf die unterschiedliche Rollenverteilung in Familie und Gesellschaft, und Zweige der Entwicklungspsychologie ziehen die getrennten Kulturen von Mädchen und Jungen als Erklärungsmodell heran. Auch die Wissenschaft ist Moden unterworfen. Stand seit den 70er-Jahren zunächst die Erklärung durch soziale Theorien im Vordergrund, haben im letzten Jahrzehnt auch biologisch begründete Theorien viel Beachtung gefunden, etwa, dass Unterschiede im Gehirn aufgrund von Geschlechtshormonen entstehen. Diese verschiedenen Erklärungsmuster sind vor allem in Kombination interessant, da eine Theorie dieses komplexe Thema nicht hinreichend erklären kann.

Die **biologische** Komponente

Der Aufwand, den ein Elterntier für den einzelnen Nachkommen auf Kosten potenzieller weiterer Nachkommen betreibt, ist beim Weibchen im Normalfall wesentlich höher als beim Männchen. Mit einer begrenzten (und geringen) Anzahl von Nachkommen verfolgt das weibliche Geschlecht eine qualitative Strategie. Das männliche Geschlecht hingegen verfolgt eine quantitative Strategie und versucht, so viele Nachkommen wie möglich zu zeugen. Der biologische Ansatz führt die männliche Veranlagung zum Konkurrenzverhalten darauf zurück. Denn die männlichen Tiere müssen in einer Konkurrenzsituation um die weiblichen Tiere werben, während die Weibchen sich ihren Partner nach Größe, Stärke und Überlegenheit aussuchen. Bei der Behauptung gegenüber sexuellen Rivalen und der Beseitigung von »Hindernissen« zur Triebbefriedigung hilft aggressives Verhalten (wie es auch bei der Verteidigung des eigenen Lebens und der Gruppe hilft). Deshalb hatte Aggressionsverhalten in der Evolution einen hohen Stellenwert. Tiere, die nicht kämpften, hatten keine Überlebens- und auch keine Reproduktionschancen. Kämpft dagegen ein Männchen und verliert den Machtkampf, so unterwirft es sich der »Hackordnung« und wartet auf spätere Chancen. Diese Rangstrukturen ermöglichen eine friedliche Koexistenz unter ehemaligen Rivalen. Ein ähnliches Phänomen erleben viele Frauen im Job: Männer können sich erst lautstark streiten und danach in freundschaftlicher Stimmung gemeinsam ein Bier trinken gehen.

Der biologische Ansatz bietet auch eine mögliche Erklärung für das wenig ausgeprägte weibliche Vorrangstreben. Der Preis für aggressives Verhalten war für die Weibchen einfach höher. Die Gefahr, selbst umzukommen, war durchaus gegeben – ein zu hoher Preis, denn das eigene Überleben war notwendig für den Fortbestand der Nachkommenschaft.

Die **geschichtliche** Komponente

Auch bei der relativ strengen Arbeitsteilung zwischen Männern und Frauen in der Frühzeit unserer Vorfahren scheint das unterschiedliche Aggressionspotenzial eine Rolle zu spielen. Demnach setzten sich die Männer den Gefahren aus, gingen auf die Jagd und verteidigten ihre Gruppe gegen Raubtiere und feindliche Artgenossen, wozu Fähigkeiten wie Entschlossenheit und Risikobereitschaft erforderlich waren. Die Frauen kümmerten sich in der sicheren Höhle um den Nachwuchs, fertigten Kleidung und sammelten Nahrung, was Eigenschaften wie Umsicht und Fürsorge verlangte. Populärwissenschaftler wie die australischen Bestsellerautoren Allan und Barbara Pease führen die Unterschiede bei der Sprachkompetenz und im räumlichen Vorstellungsvermögen auf diese Arbeitsteilung in der Steinzeit zurück. Die Männer mussten sich über große Entfernungen hinweg in der Natur orientieren und gut zielen können, um ihre Beute zu erlegen. Für Frauen waren feinmotorische Fertigkeiten wichtig. Überdies mussten sie aufmerksam gegenüber Veränderungen in der Umwelt und im Verhalten ihrer Kinder sein. Und während die Männer auf der Jagd jedes Geräusch vermeiden mussten, konnten die Frauen im Lager die Sprache weiterentwickeln.

Dass Männer diejenigen waren, die den Außenraum beherrschten, Frauen dagegen fast vollkommen auf den häuslichen Bereich beschränkt waren, zog sich durch die Jahrtausende. Dabei ist nach Barbara Walker, einer amerikanischen Feministin und Historikerin, die westliche Kultur stark von biblischen Geschichten geprägt worden. Das Christentum habe die heutige Männerwelt errichtet und befestigt und eine Gesellschaft hervorgebracht, in der die Angehörigen des einen Geschlechtes die des anderen lange unterdrückten. Beide waren der Ansicht, dies sei die göttliche Ordnung der Dinge. Das Christentum legte mit »Evas Verführung« seinem Erlöserkult die Vorstellung weiblicher Schlechtigkeit zugrunde. Aus dieser Vorstellung heraus verhinderten Männer jahrhundertelang, dass Frauen unabhängig handelten, was eigenen Besitz, die Wahl des Sexualpartners oder die Teilnahme am politischen Leben betraf. Die Bibel förderte sexistisches Gedankengut, und der Klerus berief sich lange auf die Autorität der Bibel, um die politische, juristische, wirtschaftliche und psychologische Unterdrückung der Frau aufrechtzuhalten – im Kampf gegen das Frauenstimmrecht zum Beispiel und im Widerstand gegen eine Berufsausbildung von Mädchen.

Die **soziale** Komponente

Sozialwissenschaftler gehen davon aus, dass geschlechtsspezifisches Verhalten durch unterschiedliche Erziehung während der Kindheit entsteht. Studien belegen, dass schon kurz nach der Geburt weibliche und männliche Babys unterschiedlich behandelt werden: Jungen werden häufiger auf den Arm genommen, mit Mädchen wird mehr gesprochen. Rollenklischees und unterschiedliche Erwartungen formen die Unterschiede weiter aus. Erwachsene erziehen ihren Kindern geschlechtsspezifische Eigenschaften wie »männliches Selbstbewusstsein« und »weibliche Fürsorge« an, selbst wenn sie eine offensichtliche Ungleichbehandlung vermeiden. Jede Gesellschaft verfügt über Vorstellungen von Weiblichkeit und Männlichkeit, die das tägliche Handeln bestimmen und in die Rollenerwartungen einfließen. Die selbst erlernten Verhaltensweisen und die geschlechtstypische Rollenaufteilung der Eltern führen in der Regel nach wie vor zu einer traditionellen Geschlechtsrollenorientierung bei Kindern.

Aggressivität gehört zur männlichen Rolle

Rollenmodelle entstehen aus dem Zusammenspiel biologischer, historischer und sozialer Faktoren. Sie wirken sehr stark, da sie von klein auf unsere (Selbst-)Wahrnehmung prägen. Das männliche Rollenmodell zielt auf Anerkennung, Autonomie und Eigenständigkeit. Das weibliche Rollenmodell stellt dagegen die soziale Kompetenz und die Beziehungsfähigkeit in den Vordergrund. So werden beispielsweise bei Gewaltausbrüchen kleine Mädchen getadelt, Jungen erhalten dagegen Aufmerksamkeit von Vater und Mitschülern und fühlen sich so in ihrer Geschlechtszugehörigkeit bestätigt.

Aggressivität, die oft als Kriterium erfolgreichen »männlichen« Managementverhaltens genannt wird, ist jedoch auf andere Art und Weise auch bei Frauen festzustellen. Zunächst sind kleine Jungen aggressiver und brutaler, aber mit zunehmendem Alter holen die Mädchen auf. Wo Jungen sich noch körperlich auseinandersetzen, praktizieren Mädchen üble Nachrede, Spott und Freundschaftsentzug. Um der weiblichen Aggression auf die Spur zu kommen, muss man sie im gesellschaftlichen Kontext sehen – sie äußert sich in Formen, die nicht gegen weibliche Rollenerwartungen verstoßen. Zu dieser Schlussfolgerung kommt die Bielefelder Soziologin Christiane Schmerl. In ihrer Forschungsanalyse zu »Aggressivität« zeigt sie, dass sich keine wesentlichen Unterschiede zwischen den Geschlechtern feststellen lassen. Frauen sind genauso angriffslustig wie Männer, wenn sich das aggressive Verhalten in einer sozial erlaubten Form äußert. Dies sei überall auf der Welt der Fall. Dabei hingen weibliche Aggressionen immer mit frauentypischen Lebensmustern zusammen, das heißt mit Konflikten um Nahrung, Geld, Land oder dem Schutz von Kindern. Das häufigste Ziel weiblicher Aggression ist eine andere Frau ... das häufigste Motiv aber sind Männer und ihr Verhalten. Frauen konkurrieren dabei nicht um Status, sondern um Ressourcen. Die weiblichen Angriffe äußern sich verbal oder indirekt, durch Beschimpfungen, Distanzierung oder Liebesentzug. Ein explosionsartiger Gefühlsausbruch, bei dem die meist lange unter Druck Gesetzte schreit und mit Gegenständen um sich wirft, wird von der Frau selbst wie auch von anderen Anwesenden als peinlicher Kontrollverlust betrachtet. Schon kleine Mädchen lernen, dass Aggression bestenfalls ein Ventil für Stress sein kann. Nicht zu übersehen ist der Qualitätsunterschied in der weiblichen und männlichen Bewertung von Aggression: Frauen sehen darin einen vorübergehenden Verlust von Selbstbeherrschung, auf den Schuldgefühle folgen. Männer sehen darin eine Möglichkeit, Kontrolle über andere Menschen auszuüben und ihr Selbstwertgefühl zu bestärken. Vor diesem Hintergrund bekommen Wutausbrüche männlicher Vorgesetzter noch einmal eine ganz andere Funktion, nämlich als – wahrscheinlich meist unbewusstes, aber doch strategisch wichtiges – Machtinstrument ihren Mitarbeitern gegenüber.

Warum Frauen **besser reden** können – ihnen das aber **nichts nutzt**

Frauen schneiden bei Intelligenztests besser ab, wenn es um sprachliche Fähigkeiten geht. Beim räumlich-visuellen Denken liegen Männer vorn. Sie können besser Landkarten lesen und Figuren im Kopf drehen, Frauen haben einen größeren Wortschatz und finden schneller Synonyme. Die kanadischen Psychologinnen Elizabeth Hampson und Doreen Kimura kamen zu dem Schluss, dass Östrogene sich günstig auf Aufgaben wie Wortflüssigkeit und feinmotorisches Geschick auswirken. Die Leistungen in räumlich-visueller Hinsicht wurden bei Frauen besser, wenn sich die Östrogenkonzentration während des Zyklus verringerte. Ein Experiment, bei dem die

Versuchspersonen Reimwörter aufspüren mussten, zeigte außerdem, dass bei den Frauen Areale in beiden Hirnhälften beschäftigt waren, bei den Männern nur eine Region in der linken Hemisphäre. Dieses Ergebnis unterstützt die Hypothese, dass bei Frauen der Balken zwischen beiden Gehirnhälften stärker ausgeprägt ist und folglich Logik (linke Hälfte) und Gefühl (rechte Hälfte) stärker miteinander vernetzt sind.

Auch im Gesprächsverhalten lassen sich geschlechtsspezifische Unterschiede feststellen. Eltern und besonders Mütter sprechen mit ihren Töchtern häufig und ausführlich über Gefühle, während Gefühlsäußerungen bei Jungen gerade von Vätern eher unterdrückt werden. Dabei legen Väter eher ein direktives Gesprächsverhalten an den Tag: Sie bestimmen die Gesprächsthemen und steuern den Gesprächsverlauf. Mütter adaptieren den Sprachstil ihrer Kinder und unterhalten sich von gleich zu gleich. Diese beiden Sprachstile werden auch als öffentlicher und privater Sprachstil bezeichnet. Der private Sprachstil kennzeichnet informelle Sozialbeziehungen und gewährt allen Beteiligten ein hohes Maß an Selbstbestimmung. Der öffentliche Sprachstil kommt in formalen Beziehungen zum Einsatz, in denen die Gesprächsteilnehmer wenig Raum zur Selbstbestimmung haben. Interessanterweise beherrschen Frauen beide Redestile, Männer hingegen meist nur den öffentlichen. Frauen verfügen im Sprachbereich über mehr Fähigkeiten als Männer: Sie sind in der Lage, Themen zu bestimmen, Regeln zu kontrollieren, auf die Gesprächspartner einzugehen und für eine gute Gesprächsatmosphäre zu sorgen. Trotzdem gelten sie in der Gesprächshierarchie als nachrangig – was auch im Arbeitsleben immer noch zu Tage tritt. Sie müssen mit dem Widerspruch leben, einerseits den männlichen Sprachstil pflegen zu müssen und andererseits den weiblichen Rollenerwartungen gerecht zu werden. Diese verlangen zum Beispiel Zurückhaltung bei Körpersprache und Stimme. Eine kräftige Stimme, die zu einer positiven Bewertung des männlichen Gesprächspartners führt, fällt bei einer Frau negativ auf. Die Gratwanderung besteht darin, als Frau akzeptiert und gleichzeitig als Diskussionspartnerin ernst genommen zu werden.

Die Bedeutung der Spiele

Das konkrete Vorbild einer anwesenden Mutter führt dazu, dass Mädchen oft den realen Alltag nachspielen: Mutter und Kind, Einkaufen, Telefonieren. Die Jungen greifen gerne zu medialen Vorbildern und spielen Action-Figuren nach. Wenn bei diesen Spielen überhaupt Mädchen beteiligt sind, übernehmen diese (nicht immer freiwillig) die frauenspezifischen Rollen der Bedrohten und Geretteten. Dabei werden heldenhafte Gestalten wie Zorro oder Batman von den Jungen bevorzugt, da sie sehr darauf bedacht sind, von den Spielgefährten nicht als »Schwächlinge« angesehen zu werden.

Der Hauptunterschied zwischen männlichen und weiblichen Spielstilen scheint darin zu liegen, dass die Jungen bestrebt sind, Dominanzhierarchien herauszuarbeiten und ihren Status zu sichern. Dieses manifestiert sich nicht nur in der höheren direkten (verbalen oder körperlichen) Aggression, sondern auch in der Betonung von Kompetenzen. In Jungengruppen können sich fast alle Mitglieder durch bestimmte Fähigkeiten auszeichnen, beispielsweise mit Detailwissen über Dinosaurier oder geografische Besonderheiten, als Fußballspieler oder auch als »Klassenclown«. Mit diesem Spezialwissen oder besonderen Fähigkeiten heben sie sich aus der Gruppe heraus, treten in Konkurrenz zu den anderen und erleben sich als kompetent. Ranghöhe scheint auch mit dem Alter verbunden zu sein, denn von den Erfahrungen eines Älteren kann eine Gruppe profitieren. Karl Grammers Kindergartenstudien zeigen, dass nicht das aggressivste Kind das ranghöchste ist, sondern das, dem am meisten Aufmerksamkeit entgegengebracht wird. Die Aggression innerhalb der Gruppe wird durch die Rangordnung kontrolliert. Durch diese Kontrolle wird kooperatives Verhalten, Gruppenloyalität und -harmonie gefördert. Aber: Prahlen, Wettbewerb, Kampflust, Coolness sind nicht nur Restbestände eines patriarchalischen Männerbildes, sondern auch Potenziale, glaubt der Schweizer Jungenkundler Allan Guggenbühl. Das jungentypische Prahlen könne auch eine Form der Selbstmotivation sein.

Jungen spielen eher in größeren Gruppen und draußen im Freien, während Mädchen eher kleinere Gruppen bevorzugen und sich im Haus aufhalten. Jungen mögen Kampfspiele mit vollem Körpereinsatz, Mädchen diskutieren lieber und verhalten sich vorsichtig. Der Philosoph Peter Raabe weist darauf hin, dass Jungen nicht von ihren Altersgenossen eingeladen oder zum Mitspielen aufgefordert werden. Sie müssten die Mitgliedschaft in der Gruppe selbst in die Wege leiten – während Mädchen andere zum Mitspielen auffordern. Deshalb lernten Jungen schon früh sich durchzusetzen und um ihre Position zu kämpfen: »Sie lernen sich zu schützen, indem sie ihre Auffassungen selbstsicher zum Ausdruck bringen und mit den Herausforderungen durch andere Jungen erfolgreich fertig werden.« Jungen interessieren sich für geregelte Wettkämpfe, aus denen erklärte Sieger hervorgehen. Sie spielen meist mit vielen anderen Jungen, um zu gewinnen – die Teilnehmer stehen sich als Gegner gegenüber. Mädchen bevorzugen Spiele, in denen Kooperation anstelle von Rivalität gefordert ist. Sie spielen oft zu zweit und um der Freundschaft willen – in ihren Spielen werden die Ziele gemeinsam festgelegt. Im Sportunterricht bevorzugen Jungen Kampfspiele wie Fußball und Rugby, bei denen sie Mann gegen Mann antreten können. Bei Mädchen hingegen überwiegt die Freude am Gruppenspaß – sie lieben das Tanzen im Team und Mannschaftsspiele wie Volleyball, bei denen ein Netz für Distanz zum Gegner sorgt. Die Regeln der Jungenspiele haben in hohem Maße in die Arbeitswelt Einzug gehalten, kein Wunder, dass Männer im Job Heimpunkte sammeln, während die Frauen darauf warten, zum Mitspielen aufgefordert zu werden.

Die **sozialen Gruppen** in der Kindheit

In ihrer »Psychologie der Geschlechter« erweitert Eleanor E. Maccoby das klassische Modell, das die Unterschiede zwischen den Geschlechtern auf die unterschiedliche Sozialisation von Jungen und Mädchen durch Erwachsene zurückführt. Sie hält dieses Modell für zu eng gefasst und verlangt, die Aufmerksamkeit weniger auf das Individuum als auf die soziale Gruppe zu lenken. Ihre These ist, dass ein Großteil der Verhaltensunterschiede zwischen Männern und Frauen vom Gruppenkontext abhängig sei. Die Ursache dafür seien getrennte Kulturen von Jungen und Mädchen, also eine weitgehende Geschlechtertrennung in der Kindheit. Im Alter von zwei bis drei Jahren können Kinder die eigene Person eindeutig als weiblich oder männlich einordnen. Dieses Bewusstsein setzt einen Prozess in Gang, in dem Kinder aktiv Persönlichkeitsmerkmale annehmen, die ihrer Meinung nach zur Geschlechtsidentität gehören. Schon früh sortieren Kinder Spielzeug, Kleidung und Aktivitäten danach, ob sie »für Jungen« oder »für Mädchen« sind. In Übereinstimmung mit der festgestellten Geschlechtsidentität und den von Eltern und Erzieherinnen und Erziehern vermittelten Stereotypen wählen Kinder ihre Aktivitäten und Werturteile aus. Die stärkste Orientierung des eigenen Verhaltens an gesellschaftlichen Rollenbildern geschieht zwischen dem fünften und achten Lebensjahr; danach werden die Geschlechterkonzepte wieder flexibler. Viele Bereiche der Arbeitswelt, wie etwa Vorstandsetagen, vermitteln allerdings heute noch den Eindruck, sie seien »nur für Jungs«.

SINN UND UNSINN VON KLISCHEE-VORSTELLUNGEN

Um sich in der relativ komplexen Welt besser zurechtzufinden, neigen Menschen dazu, sich mit Hilfe klischeehafter Vorstellungen zu orientieren. Der Philosoph Peter Raabe geht davon aus, dass das ständig bewusste Wissen über die Geschlechtszugehörigkeit der Personen, mit denen wir umgehen, zu verschiedenen Annahmen über Charakterzüge und Verhaltensweisen führt. Untersuchungen hätten gezeigt, dass wir Männer und Frauen unterschiedlich wahrnehmen, selbst wenn sie identische Verhaltensweisen zeigen, eben weil wir sie nach unseren geschlechtstypischen Erwartungen bewerten. »Wenn das, was jemand sagt, nicht zu unserem vorgefertigten Bild passt, sehen wir oft über die Diskrepanz zwischen unserer Vorstellung und dem wirklichen Verhalten des anderen hinweg.« Männern wird Dominanz, Leistungsbezogenheit und Aktivität zugeordnet, Frauen Fürsorge, Beziehungsbewusstsein und Passivität. Auch Berufe sind einer geschlechtsspezifischen Kategorisierung unterworfen (Geisteswissenschaften und Soziales gegenüber Naturwissenschaft und Technik). In »männlichen« Berufssparten gelten dementsprechend maskuline Eigenschaften und Verhaltensweisen als Erfolg versprechend: Autonomie, Effizienz und Energie werden als hilfreich bei der Berufsausübung eingeschätzt. Gemäß ihres Stereotyps unterstellt man Männern, dass sie die erforderlichen Eigenschaften besitzen. Ihnen wird im Vergleich zu Frauen eine bessere Qualifikation zugeschrieben, weil (vorausgesetzte) männliche Eigenschaften sie für einen männlichen Beruf qualifizieren. Anders gesagt: Der Erfolg von Männern in einer Berufssparte und die Begründung dieses Erfolges mit männlichen Eigenschaften führt dazu, dass sie aufgrund ihrer reinen Geschlechtszugehörigkeit im Vorteil sind.

Da Frauen weniger maskuline Eigenschaften zugeschrieben werden, stuft man sie als grundsätzlich weniger geeignet ein.
Gerade in Situationen der Unsicherheit werden Stereotype oft als zusätzliche Information herangezogen. In Bewerbungssituationen zum Beispiel kommt es zu einem Vergleich der wahrgenommenen Eigenschaften des Bewerbers mit den für die Position erforderlichen Charakteristika. Ist eine traditionell männliche Stelle zu besetzen, wird männlichen Bewerbern unterstellt, dass sie die gesuchten Eigenschaften eher aufweisen als eine weibliche Bewerberin, der weniger maskuline Eigenschaften zugeschrieben werden als dem durchschnittlichen Mann.

Regeln dürfen **nicht überschritten** werden ...

Die Erfüllung von Geschlechtsnormen ist gesellschaftlich erwünscht, und Verletzungen der zugeschriebenen Rolle können negative Konsequenzen haben. So werden Frauen in Führungspositionen negativ bewertet, wenn sie ein stereotyp männliches Verhalten und große Durchsetzungskraft zeigen – was zu einer No-Win-Situation für Frauen führt. Denn: Gilt die Frau als wenig durchsetzungsfähig, erachtet man sie für ungeeignet. Demonstriert sie diese Stärke, riskiert sie Abwertung, weil sie die Geschlechtsnorm verletzt.

... aber man sollte sie auch **nicht zu sehr** befolgen

Andererseits kann es für Frauen nachteilig sein, wenn sie den Stereotypen zu sehr entsprechen und das Klischee bedienen. Die Erfahrungen der amerikanischen Medienmanagerin und Autorin Gail Evans zeigen, dass Unpünktlichkeit bei Frauen ungleich weniger verziehen, ein schwacher Händedruck als Verzagtheit gedeutet, fehlender Blickkontakt und mangelnde körperliche Präsenz als Unsicherheit interpretiert wird. Die weibliche Zurückhaltung führt dazu, dass Frauen (vergeblich) warten, bis ihre Qualitäten entdeckt werden, und die anerzogene Nettigkeit schließt eine rein zweckorientierte Zusammenarbeit und den souveränen Umgang mit Konkurrentinnen aus.

Die Psychologin Nathali Klingen hat festgestellt, dass eine erhebliche Diskrepanz zwischen postulierten »weichen« Werten und ihrer tatsächlichen Verbreitung in den Führungsebenen besteht. So belegen Untersuchungen, dass erfolgreiche Manager nach wie vor durch das Vorhandensein so genannter maskuliner Eigenschaften und das Fehlen femininer Eigenschaften charakterisiert werden. Klingen zieht daraus den Schluss: »Die Wahrnehmung und Bewertung von Führungsverhalten ist also eng mit der Wahrnehmung des geschlechtlichen Verhaltens und den Erwartungen an die Geschlechterrollen verknüpft. Diese Erwartungen sind zum Großteil unbewusst und dadurch umso machtvoller.«

Tipp

Machen Sie sich bewusst, welche Erwartungen an Männer und Frauen es im Business gibt. Machen Sie sich davon jedoch nicht abhängig, sondern überlegen Sie sich, wie Sie darauf reagieren wollen.

Kapitel 2

Knacken Sie den Männer-Code!

Wie Frauen die Spielregeln im Job clever nutzen

»Männer sind vom Mars, Frauen von der Venus«, sagt Bestsellerautor John Gray. Diese aufs Erste etwas absurd anmutende Vorstellung ist sehr hilfreich für den Joballtag. Stellen Sie sich vor, dass Sie gerade in einer anderen Galaxie gelandet sind. Sie verlassen Ihr Raumschiff und sehen keine unbevölkerte planetarische Einöde, sondern einen Planeten mit Wesen, die Männern, Frauen und Kindern ziemlich ähnlich sehen. Tagsüber scheinen sich in den Bürotürmen mehr Männer aufzuhalten, in den Vororten mit den grünen Gärten dagegen mehr Frauen. Eine Situation, die Ihnen zunächst rätselhaft erscheint. Welche Werte haben die Eingeborenen auf dieser Galaxie? Welchem Kult hängen die Männer in der Arbeitswelt an? Wie verständigen sich diese während der Arbeit untereinander? Welche Sprache sprechen sie? Fragen über Fragen ... Am besten werden Sie Detektivin in eigener Sache, um die Antworten zu finden.

Wenn Sie erkennen wollen, wie Männer im Job ihr Spiel spielen, achten Sie einfach auf ihre Sprache. Gerade im Handy-Zeitalter hat man dazu oft Gelegenheit. So konnte ich beispielsweise vor kurzem einem Mann zuhören, der in der Wartehalle am Flughafen hinter mir saß und mit normaler Lautstärke mit einem Kollegen telefonierte. Der Gesprächspartner am anderen Ende der Leitung, vermutlich ein Mann, hatte offensichtlich einen Computer einer anderen Abteilung nicht termingerecht zurückgegeben. »Die sind jetzt wütend«, hörte ich, und nachdem das Gespräch eine Weile hin und her ging: »Machen Sie vor denen einen Kniefall und dann ist es gut.« Der Gesprächspartner am anderen Ende der Leitung, der offensichtlich gegen die Rangordnung verstoßen hatte, sollte eine Unterwerfungsgeste machen, um die Rangordnung wieder herzustellen. Undenkbar für mich, dass das Gespräch unter Frauen stattgefunden hätte – solch taktisches Vokabular habe ich bisher von Frauen im Job noch nicht vernommen. Sie brauchen ein solches Gesprächsverhalten nicht zu übernehmen, aber hören Sie sich gut in Ihrer Umgebung um und analysieren Sie solche Sprachmuster. Dann wird Ihnen auffallen, wie oft Männer im Job eine andere Sprache sprechen und auf ihre Weise zeigen, dass sie taktische Rollen einnehmen.

Die Männer-Spielregeln im Job sind informelle, meist unbewusste und damit auch heimliche Übereinkünfte. Sie leben davon, dass sie nicht offen gelegt werden. Sie im eigenen Unternehmen anzusprechen, wäre in höchstem Maße unstrategisch. Um einen besseren Einblick und auch ein Gefühl für die Spielregeln zu bekommen, ist es sehr viel nützlicher, die eigenen Beobachtungen mit dem Partner oder Freunden und Freundinnen zu besprechen. Sie können sich auch in Netzwerken mit anderen Frauen über Ihre Erfahrungen mit bestimmten Spielregeln austauschen.

Die zehn wichtigsten Spielregeln

1. Macht ist etwas Tolles
2. Es gibt immer einen Platzhirsch
3. Verantwortung für neue Aufgaben ist attraktiv
4. Männer haben Mut zum Risiko
5. Jungs spielen lieber mit Jungs
6. Die Old Boys kennen und helfen sich
7. Verbündete müssen gesucht und gepflegt werden
8. Die Rolle »Fleißiges Lieschen« kennen Männer nicht
9. Männer ertragen keinen Gesichtsverlust
10. Männer geben nicht zu, dass sie etwas nicht verstehen

1. MACHT IST ETWAS TOLLES!

Für Männer ist Macht etwas Positives. Egal, ob in der Politik oder in der Wirtschaft, sie wollen etwas zu sagen haben. Macht haben bedeutet für sie die Möglichkeit, das erste Wort zu haben, Entscheidungen zu treffen und zu bestimmen, wo's langgeht. Es ist ihnen ganz selbstverständlich, dass es im Job-Spiel darum geht, möglichst mächtig und materiell erfolgreich zu werden. Dies ist die wichtigste und elementarste Spielregel im Job. Mit ihr hängen die anderen Spielregeln untrennbar zusammen. Der Begriff von Macht ist im Job gekoppelt an das Konzept eines hierarchisch strukturierten Systems. Für die meisten Männer ist es wichtig, einen Platz möglichst weit oben in der Hierarchie einzunehmen, um etwas zu sagen zu haben. Nach der nüchternen Definition des Soziologen Max Weber ist Macht jede Chance, innerhalb einer sozialen Beziehung den eigenen Willen anderen gegenüber, auch gegen Widerstreben, durchzusetzen – gleichviel, worauf diese Chance beruht.

Für Frauen ist Macht oft immer noch anrüchig, und sie begreifen zu spät, dass interessante Jobs oft auch einflussreiche Jobs sind. Zum ersten Mal in der Geschichte des Rundfunks gibt es seit kurzem eine Intendantin eines öffentlich-rechtlichen Senders, aber wie lange hat das gedauert. Ich werde nie vergessen, wie groß das Erstaunen einer Runde von Journalistinnen bei einer Tagung war, als eine Studentin sagte, sie wolle Intendantin werden. In den Gesichtern stand ungläubiges Staunen, das nur langsam einer gewissen Bewunderung Platz machte, dass eine sich das zu wollen traute. Die Forschungsergebnisse der Psychologin Nathali Klingen bestätigen, dass Frauen sehr auf Gleichberechtigung und demokratische Strukturen in der Gruppe achten. Dementsprechend werden in reinen Frauengruppen im Allgemeinen Stärke und Kompetenz einzelner Mitglieder sowie Konkurrenz untereinander tabuisiert und offene Machtkämpfe vermieden.

Natürlich kann Macht auch zu Recht zwiespältig beurteilt werden. Macht birgt die Gefahr von Willkür und Ungerechtigkeit. Aber ist es nicht interessant, dass Männer in der Regel die Lichtseiten der Macht sehen und Frauen fast ausschließlich die Schattenseiten? Die Autorin und Wirtschaftsjournalistin Barbara Bierach stellt in ihrem Buch *Das dämliche Geschlecht* die These auf, dass Frauen Angst vor der Macht hätten. Da sie zu einer unterstützenden Haltung erzogen würden, fürchteten sie, ein Tabu zu brechen und dafür bestraft zu werden, wenn sie selbst nach der Macht griffen. Die Angst, als rücksichtslos oder dominant zu gelten, plage Männer hingegen nicht. Laut Bierach und vieler anderer Autoren von Karrierebüchern reicht jedoch soziale Kompetenz allein für den Erfolg nicht aus. Eine Karriere erfordere auch Durchsetzungsfähigkeit und Konfliktbereitschaft.

Der **andere** Blick

Doch diese Ängste sind nur ein Teil dessen, was Frauen Macht fremd erscheinen lässt. Sie haben im Allgemeinen einen völlig anderen Blick auf die Arbeit als Männer. Frauen geht es dabei um Selbstverwirklichung und um die Beschäftigung mit bestimmten Inhalten – egal, auf welcher Hierarchiestufe. Frauen arbeiten inhaltsorientiert, sie stellen die Aufgabe in den Mittelpunkt ihrer Tätigkeit und legen großen Wert auf die Qualität ihres Arbeitsumfeldes, das belegt inzwischen auch die wissenschaftliche Forschung. Selbst bei der Übernahme einer Führungsposition bleiben die Inhalte im Fokus ihres Engagements. Für Frauen bedeutet Führung, dass sie sich den Inhalten ihrer Arbeit in gestärkter Position widmen können. Männer bewerten Inhalte weniger hoch, für sie besteht eine Führungsaufgabe hauptsächlich im Leiten von Mitarbeitern. Sie sehen Führung als Rolle, die relativ unabhängig von der konkreten Aufgabe ist. Eine Führungsrolle kann deshalb in unterschiedlichen Kontexten oder Abteilungen ausgeübt werden. Da eine »reine« Führungskraft für ein Unternehmen universal einsetzbar ist, ist dieser Umstand Karriere fördernd. Eine Aufgabe wird von Männern häufig als Sprungbrett für die Karriere gesehen, sie definieren sich über die Wirkung ihrer Tätigkeit. Man(n) macht etwas gut, steigert die Effektivität der Abteilung und wird dafür befördert. Männer suchen nach Aufstiegschancen. Sie richten ihr Handeln danach aus, immer weiter nach oben zu steigen. Frauen gestalten ihre Laufbahn eher nach Aufgaben und halten an inhaltlich interessanten Positionen fest. So verzichten sie gegebenenfalls auf den Aufstieg, wenn sie sich von lieb gewonnenen Inhalten trennen müssten, während Männer ihre Stellen auch dann verlassen, wenn sie interessant sind.

Frauen sehen es als zentrale Aufgabe, Bedingungen für eine effiziente Kooperation zu schaffen, damit alle Mitarbeiter ihre Potenziale zugunsten der gestellten Aufgabe einbringen können. Sie geben ihren Mitarbeitern Freiraum und lassen das »Wie« ihrer Tätigkeit weitgehend selbst definieren, damit sie ihre Arbeit als ebenso sinnvoll wie sie selbst erleben. Beide Führungsstile haben ihre Berechtigung. Für Männer ist der Arbeitsstil weiblicher Führungskräfte jedoch oft gewöhnungsbedürftig. So kommen die bisherigen Mitarbeiter von Silke Bohnstedt-Wieland, Managerin bei einem internationalen Pharmakonzern, gut damit zurecht, dass sie bei ihrer Chefin viel Freiheit haben. Doch die neuen Mitarbeiter, die erst kürzlich zur Abteilung hinzugekommen sind, sind noch irritiert: »Sie sind genauere Ansagen gewöhnt. Die Grenze ist für sie noch nicht klar«, sagt Silke Bohnstedt-Wieland. Frauen sollten sich zwar bewusst sein, dass sie innerhalb eines Machtsystems arbeiten, aber deshalb ihren ureigenen Arbeits- und Führungsstil nicht aufgeben, weil er viele Vorteile bietet. Es gilt, sich diese Beziehungsorientierung zu bewahren und trotzdem strategisch zu denken.

Männer halten die Fäden gerne in der Hand und organisieren die Zusammenarbeit im Hinblick auf eine effiziente Zuarbeit. Die Mitarbeiter liefern die einzelnen Teile, die sie ordnen und zu einem Gesamtergebnis zusammenfügen. Für Frauen ist diese Haltung männlicher Vorgesetzter oft schwer zu akzeptieren. So findet es beispielsweise Constanze Gottwald, wissenschaftliche Hilfskraft an einer Uniklinik, äußerst ungerecht, dass ihr Chef ihre Arbeitsergebnisse in seine Forschungsergebnisse mit einarbeitet und bei internationalen Konferenzen quasi als seine präsentiert. Für hierarchieorientierte Männer zwar auch ärgerlich, aber nichts anderes als ein ganz normaler Vorgang.

Der **Preis** des »Sich-nicht-**Aufspielens**«

Durch ihren delegierenden Führungsstil stellen sich Männer an die Spitze. Für ihre Leistungen werden sie so schneller honoriert als teamorientiert arbeitende Frauen, die Individualität und Kreativität bei ihren Mitarbeitern fördern – und so selbst viel weniger auffallen. Kooperation statt Konkurrenz – logisch, dass Frauen nach anderen Regeln spielen. Immer wieder spreche ich mit Frauen, die diese starke inhaltliche Orientierung verfolgen. Allerdings beschweren sie sich oft im selben Atemzug, dass ihre Arbeit von ihren Vorgesetzten nicht genug gewürdigt wird und dass sie nicht aufsteigen. Es ist offensichtlich, dass sie in einem Spiel mitspielen, in dem inhaltliche Qualifikation zwar vorausgesetzt wird, in dem überdurchschnittliches inhaltliches Engagement aber nicht zum Aufstieg führt. Diese Frauen versäumen es, ihren Aufstiegswillen und damit in einem männlich-hierarchieorientierten System auch ihren Machtanspruch deutlich zu machen. Stattdessen kritisieren sie, wie sich Männer »aufspielen«, und verzichten damit auf die Chance, eigene Punkte im Spiel zu machen. Denn eines ist klar: Bisher besteht für Männer meist keine Notwendigkeit, ihre Spielregeln zu ändern. Anstatt sich in gedanklichen Planspielen zu üben, setzen viele Frauen nach dem Motto »Mehr desselben« inhaltlich noch eines drauf. Sie rackern noch mehr in der Sache, vertiefen sich noch mehr ins Detail und machen eine Zusatzqualifikation nach der anderen. Der Effekt: Tunnelblick statt Blick über den Tellerrand. Und für die Vorgesetzten sehr praktisch, denn von einer so fleißigen Mitarbeiterin wird viel Arbeit sehr zuverlässig erledigt. Folgende Binsenweisheit gilt immer und überall, wo Männer im Business das Sagen haben: »Es setzt sich nicht durch, wer besser ist, sondern wer sich besser durchsetzt.«

Mächtiges **Reptilien**hirn

Es scheint, dass Männer geradezu einen »Machtinstinkt« haben. Hans Georg Häusel argumentiert in seinem Buch *Limbic Success*, dass auch im Job viele Verhaltensweisen mit der Funktionsweise des limbischen Systems, eines Teils im Gehirn zusammenhängen, das stark dem Reptilienhirn ähnelt. Nach Häusel steuert es uns unbewusst per Autopilot-Modus durchs Leben. Dabei zählen vor allem die Mechanismen von Balance, Dominanz und Stimulanz. Bei Männern erhöht sich durch einen Sieg die Konzentration von Testosteron und Serotonin im Blut, eine positive Siegerspirale wird in Gang gesetzt. Das Selbstbewusstsein und die Kampfkraft nehmen zu. Der Sieger strahlt souveräne Überlegenheit und innere Ruhe aus und hat damit gute Chancen, die nächste Runde zu gewinnen. Häusel erklärt so auch, warum Sportler während bestimmter Wettkampfphasen oft nicht mehr schlagbar sind. Verlieren Männer dagegen, geraten sie in die Looser-Spirale. Testosteron und Serotonin im Blut sinken, ebenso das Selbstbewusstsein. Depressionen und Krankheiten nehmen zu. Bei Frauen seien diese Spiralen nicht so ausgeprägt wie bei Männern, konstatiert Häusel. Doch man sieht, dass sich Männer so ganz anders nach oben katapultieren können. Mächtige Männer haben eine ganz bestimmte Ausstrahlung, Macht bekommt eine Aura – und die Mächtigen erkennen sich gegenseitig. Beobachten Sie, wer mit wem zum Mittagessen geht oder wie sich die einflussreichen Männer bei Festen zusammenstellen. Es scheint, als ob es einen bestimmten Geruch der Macht gibt, den die Männer aneinander wahrnehmen und anziehend finden.

Wie Frauen das **Macht-Prinzip** clever nutzen

Knallhart an der Spitze stehen, die eigenen moralischen Vorstellungen ad acta gelegt und völlig desinteressiert an den Inhalten der eigenen Arbeit, nur um den Preis, Macht zu haben – welche Frau will das schon? Natürlich so gut wie keine, und das ist auch kein Wunder, denn die Frage ist falsch gestellt. Schließlich geht es für Frauen nicht darum, im Job zu vermännlichen, um Erfolg zu haben, sondern es geht darum, weiblich zu sein, aber trotzdem strategisch zu denken. Auf das Thema »Macht« bezogen heißt das zunächst, die eigene Einstellung dazu zu überdenken.

Ulla Schilder ist EDV-Expertin in einem Telekommunikationsunternehmen. »Macht ist was Gutes, aber das musste ich erst lernen«, sagt die 41-Jährige. Gelernt hat sie es durchs Machen, durchs Haben der Macht. Die Gelegenheit dazu erhielt sie, als sie Leiterin eines Projektes wurde. Eine neue Software für Materialwirtschaft wurde eingeführt. Beteiligt waren die Abteilungen Betrieb, Materialwirtschaft, Controlling, EDV sowie externe Berater und Programmierer. Das Projekt war durch die Vielzahl der beteiligten Abteilungen und das schwierige Thema sehr komplex und zog sich über ein Jahr hin. Obwohl es viel Energie kostete, gefiel Ulla Schilder, dass sie etwas gestalten konnte. Sie mochte es, Ergebnisse zu besprechen und durchzusetzen – auch gegen Widerstände – und zu merken, dass sie Unterstützung hatte und man ihr zuhörte. Und es gefiel ihr, etwas Neues zu machen. Dass Machthaben positiv sein kann, lernte sie einfach durchs Ausprobieren. Geholfen hat ihr dabei Weiterbildung. Sie hatte über die Jahre hinweg diverse Seminare zu Themen wie »Persönlichkeit«, »Konfliktverhalten« oder auch »Rhetorik« besucht, in denen auch über Macht diskutiert wurde. Dabei entdeckte sie für sich, dass Macht und eine gewisse damit verbundene Aggressivität nicht negativ sein müssen. Und dass die Kombination »brav & lieb« im Job gerade nicht dazu führt, akzeptiert zu werden.

Praxis

Überlegen Sie, welche positiven Effekte es in Ihrer ganz konkreten beruflichen Situation haben könnte, mehr Macht zu haben. Schreiben Sie diese Vorteile auf. Damit »Macht« für Sie greifbarer wird, nehmen Sie sich am besten vor, zehn konkrete Gründe aufzuschreiben, warum es in Ihrer aktuellen beruflichen Situation gut wäre, mehr Macht zu haben.

Damit Sie sich leichter tun, zehn Gründe für mehr Macht zu finden, hier einige Leitfragen:

- Wie kann die Macht, Aufgaben zu delegieren, Ihnen weiterhelfen?
- Wie kann die Macht, bestimmte Entscheidungen selbst zu treffen, Ihnen weiterhelfen?
- Wie kann die Macht, über Ihre Zeit frei zu verfügen, Ihnen weiterhelfen?
- Wie kann die Macht, selbst zu entscheiden, mit wem Sie zusammenarbeiten wollen, Ihnen weiterhelfen?
- Wie können Sie inhaltlich das Produkt Ihrer Arbeit durch mehr Macht verbessern?
- Gab es bereits Situationen in Ihrer beruflichen Laufbahn, wo es für Sie befreiend war, dass Sie ganz klar gesagt haben, »weil ich es so will«?

> **Praxis** — **Welche Macht haben Sie bereits?**
>
> Überlegen Sie sich, über welche Macht Sie bereits in Ihrer beruflichen Position verfügen.
> - Welche Macht fehlt Ihnen noch zur Erreichung Ihrer Ziele?
> - Wie können Sie sie beschaffen?
> - Wer sind die Machthaber in Ihrem Unternehmen?

Weil Frauen oft nicht bewusst ist, wer die wirklichen Machthaber im Unternehmen sind, ist es wichtig, sich damit einmal näher zu befassen. Schauen Sie sich diese Erkenntnisse genau an und legen Sie sie für sich selbst offen auf den Tisch.

Mit Kollegen oder Kolleginnen sollte man eine solche Analyse allerdings nicht vornehmen, weil diese selbst eine strategische Rolle im Job-Spiel haben und weil Sie bei Ihrer Analyse viel von ihrer persönlichen Sicht der Dinge preisgeben und Sie sich damit unter Umständen angreifbar machen.

Um sich über die Situation klarer zu werden, sprechen Sie lieber mit Ihrem Partner oder einer Freundin über ihre Einschätzung. Sehr nützlich sind natürlich die Einschätzungen männlicher Mentoren. Doch es gibt auch Frauen, die inzwischen einen Blick für Machtstrukturen, vielleicht durch eigene schmerzliche Erfahrungen, entwickelt haben. Halten Sie in Ihrem Netzwerk nach solch erfahrenen Frauen Ausschau, mit denen sie einmal in Ruhe Ihre Situation besprechen können. Und nachher überlegen Sie, was Sie davon annehmen oder als nicht relevant verwerfen können. Auch Väter können gute Berater sein, weil sie sich mit den Machtbestrebungen ihrer Geschlechtsgenossen auskennen. Gerade beruflich sehr engagierte Frauen sollten dabei aber aufpassen, dass sie nicht das eventuell vorhandene Muster der »Leistungstochter« noch verstärken – die durch beruflichen Erfolg nun (endlich) die Anerkennung von ihrem Vater erhalten will, um die sie schon seit Kindertagen gerungen hat.

Auch wenn Sie den Machtinstinkt nicht mit der Muttermilch aufgesogen haben, im Folgenden habe ich vier Grundregeln für den Umgang mit Macht aufgeführt, die Sie im Job nie aus den Augen verlieren sollten.

1. Grundregel: Akzeptieren Sie die hierarchische Rangordnung

Männer wollen nicht unterlegen sein, sagt der Philosoph Peter Raabe. Er weist darauf hin, dass sie sich in Beziehungen entweder als überlegen oder als unterlegen wahrnehmen und bei Begegnungen selten von der Annahme der Gleichrangigkeit ausgehen, wie Frauen das zumeist tun. »In der Welt eines Mannes sind Gespräche oft Verhandlungen, bei denen die Teilnehmer versuchen, möglichst die Oberhand zu gewinnen und zu behalten und den Versuchen anderer, sie zu unterdrücken, niederzumachen und herumzukommandieren, die Stirn zu bieten. Das Leben ist ein Wettstreit, ein Kampf darum, Unabhängigkeit zu bewahren, Niederlagen zu vermeiden und seine Position zu verteidigen.«

Beruflich sehr engagierten Frauen fällt es schwer zu erkennen, dass sie sich manchmal auf eine Art und Weise verhalten, durch die sich männliche Vorgesetzte in ihrer Position bedroht fühlen. Während man bei Männern oft an der Körpersprache sehen kann, wie sie ranghöheren Männern Respekt erweisen und quasi etwas in sich zusammenfallen, kennen Frauen diese Haltung nicht. »Frauen fehlt der ›Knick‹-Reflex«, nennt das Heinrich Wottawa, Professor für Wirtschaftspsychologe an der Bochumer Universität. Sie wüssten nicht, dass bestimmte Unterwerfungsgesten manchmal notwendig sind. Evolutionsgeschichtlich betrachtet kein Wunder. Männer kämpften untereinander um die beste Position in der Rangordnung und damit auch um die besten Chancen bei den Frauen. Die Unterlegenen ordneten sich an niedrigerer Stelle in die Rangordnung ein. Für Frauen ging es nie darum, sich in diese männliche Rangordnung einzufügen, sondern von möglichst vielen Männern als potenzielle Partnerin angesehen zu werden, um sich dann den besten und möglichst auch genetisch fittesten auszusuchen. Es gab für Frauen keinen Grund sich einzufügen, sondern sie betrachteten von ihrer Warte aus die gesamte Rangordnung quasi von außen. Das erklärt vielleicht auch zu einem Teil, warum sich viele junge intelligente Frauen ihren Vorgesetzten überlegen fühlen und sie streng nach ihren Maßstäben bewerten. Weil sie selbst einen Ausnahmestatus haben, muss ein Mann seinen Status aus ihrer Sicht zu Recht haben – damit sie ihn überhaupt anerkennen können. Diese archaischen Grundmechanismen der Partnerwahl schwingen auch in Arbeitssituationen mit. Auch wenn es heute gar nicht darum geht, im Job einen Partner zu finden (selbst, wenn das tatsächlich oft passiert), sind sie wie eine Art Hintergrundfolie. Wenn man sie in das Bild mit einbezieht, wird auf einmal vieles deutlicher.

Und es gibt für Frauen sehr wohl die Möglichkeit, das männliche Prinzip der Rangordnung anzuerkennen und darauf zu reagieren, ohne sich selbst zu verleugnen, wie das Beispiel von Caroline Schneider zeigt.

»Ich bin der Chef vom Dienst – du bist Redakteurin!«

Caroline Schneider, eine 33-jährige Fernsehjournalistin, wollte gern aufsteigen und nicht mehr als normale Redakteurin eines TV-Magazins einzelne Filmbeiträge produzieren. Als Planungsredakteurin wollte sie mehr Verantwortung für den gesamten redaktionellen Ablauf der Sendung übernehmen. Doch mit ihrem Vorgesetzten, dem Chef vom Dienst, hatte sie immer wieder Probleme: »Er hatte immer das Gefühl, dass ich ihn angreife, dass ich ihn nicht ernst nehme.« Aus ihrer Sicht brüskierte der Chef die Mitarbeiter oft mit Statements, die er in die Runde warf – wie etwa, das Team habe schlecht gearbeitet. Caroline reagierte dann sofort vor allen anderen: »Das kannst du so nicht sagen.« So machte sie deutlich, dass sie nicht akzeptierte, was er sagte. Der Grund dafür: »Ich war schon immer Klassensprecherin. Und in der Redaktion gehörte ich zu den Älteren. Viele kamen zu mir und beschwerten sich über den Vorgesetzten. Ich fühlte mich dafür verantwortlich, wie es dem Team, der Redaktion geht.«

Ein paar andere Mitarbeiter sagten zwar auch ab und zu etwas gegen den Vorgesetzten, aber wer immer mit dabei war, war Caroline. »In der schlimmsten Zeit habe ich meinen Mund nie gehalten.« Die Reaktion kam immer prompt: »Jede Woche hat er ein blödes Gespräch mit mir geführt, in dem er mir klarmachen wollte, dass ich nicht so gut sei, wie ich denke. Im Einzelgespräch hat er mich klein gemacht und immer wieder seinen Rang in der Hierarchie betont: ›Ich bin Chef vom Dienst, und du bist Redakteurin‹«, erzählt Caroline.

Das klingt vielleicht nicht gerade sehr freundlich, aber immerhin hat der Vorgesetzte Caroline Schneider damit genau gesagt, worin für ihn das Problem liegt. Er hat ihr ausdrücklich zu verstehen gegeben, dass sie seinen Rang und seine Machtposition akzeptieren soll. Ein gutes Beispiel dafür, dass es sich lohnt, genau hinzuhören.

Eines war Caroline Schneider dann auch klar: »Ich war ihm zu selbstbewusst.« Da sie aufsteigen wollte, versuchte sie ihr Verhalten zu ändern. Sie ahnte, dass ihr Chef ihr sonst Steine in den Weg legen würde. Und tatsächlich klappte es nach einer Weile auch. Ihr Chef machte sie zur Planungsredakteurin. Ihr Erfolgsrezept? »Ich habe mich in Konferenzen mehr zurückgenommen.« Was ihr am Anfang mehr als schwer fiel. »Ich hatte Angst, mich nicht mehr im Spiegel anschauen zu können. Aber im Laufe der Zeit habe ich gesehen, dass ich genauso weit komme.« Ihre negativen Gefühle waren zwar noch vorhanden, aber sie drückte sie anders aus. Wenn sie sich wieder besonders über ihren Chef ärgerte, schaute sie einfach mit bedeutsamem Blick in der Runde ihre befreundete Kollegin an, von der sie wusste, dass sie exakt dasselbe dachte.»Ihn offen vor der Gruppe zu kritisieren, war sicher ein Fehler«, denkt sie heute. Inzwischen hat sie einen neuen Chef, zu dem sie ein wesentlich entspannteres Verhältnis pflegt. Was ihrer Meinung nach zum einen daran liegt, dass er ein lockerer Typ ist, aber zum anderen auch daran, dass sie nicht mehr immer dagegen hält. Trotzdem findet sie es wichtig, Profil zu zeigen, zu sich selbst zu stehen. Wenn sie nicht auf sich aufmerksam gemacht hätte, meint sie sicher zu Recht, wäre sie gar nicht aufgefallen und auch nicht befördert worden.

2. Grundregel: Schützen Sie mit Macht die eigene Position

Genauso, wie wir aufpassen müssen, nicht ungewollt die Position anderer in Frage zu stellen, müssen wir uns dafür sensibilisieren, uns zu wehren, wenn unsere eigene Position in Frage gestellt wird. Das ist besonders wichtig, wenn man eine neue Aufgabe in einer Führungsposition übernimmt. Ein gutes Team ist entscheidend für den Erfolg in einer neuen Position: »Man muss die Leute auf die gemeinsame Sache verpflichten und ihre Fähigkeiten mit den vielfältigen Anforderungen des Unternehmens in Einklang bringen«, sagt Lydia Lux-Schmitt, Geschäftsführerin Business Services bei der Tochterfirma eines internationalen Health-Care-Konzerns. Wie das funktioniert? In Meetings und Einzelgesprächen erkundet die Managerin regelmäßig die Erwartungen und Perspektiven der Mitarbeiter. Wenn jemand die Loyalität verweigert, muss sie Konsequenzen ziehen. »So einer kann das ganze Team demontieren, das darf eine Vorgesetzte nicht zulassen«. In ihrer ersten Führungsrolle als Leiterin der Hauptbuchhaltung akzeptierte ein Mitarbeiter Lydia Lux-Schmitt nicht als Vorgesetzte, weil er sich ebenfalls Hoffnungen auf den Posten gemacht hatte. Das Problem: Der Kollege machte einfach seine Arbeit nicht. Lux-Schmitt dachte: »Ach, das wird schon noch, wir werden schon noch zusammenwachsen. Das sind eben Anfangsprobleme.« Typisch Frau versuchte sie sogar, den Mitarbeiter zu verstehen. Suchte den Fehler bei sich, überlegte, ob es vielleicht an ihr liegen könne. Vergebens, es änderte sich nichts. Erst nach sieben Monaten zog sie die Notbremse und fragte ihren Chef um Rat. Gemeinsam fand man einen Weg, sich von dem Störenfried zu trennen. »Ich habe zu lange gezögert und wertvolle Zeit verloren«, sagt Lydia Lux-Schmitt. »Das muss innerhalb der ersten sechs Monate passieren.« Aber die Managerin ist mit sich im Reinen: »Das sind typische Fehler, die muss man machen, besser gleich als später.« Zur Macht stehen heißt für sie heute, sich eben auch von Kollegen trennen, wenn die Zusammenarbeit nicht funktioniert.

Diese Erfahrung machte auch Elisabeth Vollmer. Als sie Abteilungsleiterin bei einem Chemiekonzern wurde, übernahm sie neun Teammanager. Der Platzhirsch unter ihnen hatte sich jedoch selbst Hoffnung auf Karriere und auf Vollmers Job gemacht. Wie bei Lydia Lux-Schmitt war auch bei Elisabeth Vollmer der Vorgesetzte sensibilisiert. Der Geschäftsführer warnte Vollmer, dass es Probleme mit diesem Mitarbeiter geben würde. Doch sie dachte sich, »Ich spreche mit allen und wenn er ein Problem hat, kann er's ja sagen. Wir probieren es einfach mal.« Doch dann verweigerte der Mitarbeiter die Mitarbeit, redete schlecht über sie, kurz, betrieb intensiv Mobbing. Für Elisabeth Vollmer eine Grenzerfahrung. Sie sammelte ein halbes Jahr lang Beweise – und warf ihn dann raus. Die Reaktion des Teams? Ein Riesenaufschrei. Von einer Frau hatte man so etwas nicht erwartet. Aber Vollmer hatte die Rückendeckung des Geschäftsführers.

Für den Wirtschaftspsychologen Wottawa ist es verständlich, dass solche Reaktionen Frauen zunächst nicht leicht fallen. Denn Frauen hatten in der Steinzeit vermutlich vor allem Interesse, sich Männern als genetisch fitte Partnerinnen zu präsentieren. Sie hatten keinen Grund, ihnen ihre Dominanz zu beweisen. Die Herausforderung für Frauen liege jetzt darin, für Männer verstehbare Dominanzsignale zu senden – ohne ihre Weiblichkeit dabei aufzugeben. Es lohnt sich, bei Seminaren die Gelegenheit zu nutzen, um bei Rollenspielen das eigene Repertoire an Verhaltensweisen in dieser Hinsicht zu erweitern.

3. Grundregel: Entscheiden Sie, wem Sie Macht einräumen

So wie im Privatleben haben Frauen oft auch im Job bestimmte Vorstellungen, wie gute Beziehungen aussehen. Sie setzen auf menschliche Nähe, während Männer eher eine etwas distanziertere Art des geselligen Umgangs untereinander pflegen. Im Job führen Männer Gespräche in der Regel nicht auf emotionaler Ebene, sondern betonen den Informationsgehalt. Sie sind Meister darin, Gespräche auf rein sachlicher, intellektueller Ebene zu führen, als ob das alles mit ihnen persönlich rein gar nichts zu tun hätte. »Ich kenne viele Männer in Führungspositionen, die einander nicht ausstehen können. Aber wenn sie um einen Konferenztisch sitzen, könnte man meinen, sie seien ein Herz und eine Seele. Persönliche Gefühle spielen dann keine Rolle. Sie wollen nicht gemocht werden. Sie wollen gewinnen«, das ist die Erfahrung der amerikanischen Medienmanagerin und Autorin Gail Evans.

Bei Frauen ist es anders. Da in der weiblichen Erziehung so großer Wert auf die Herstellung und Pflege von Beziehungen – und nicht auf Überlegenheit und Siegeswillen – gelegt wird, sind Frauen, was emotionale Bindungen angeht, oft relativ verletzlich. Aus diesem Grund interpretieren Frauen neutrale Vorkommnisse am Arbeitsplatz oft persönlich und haben es manchmal schwer, den rein sachlichen Teil der Beziehungen zu Vorgesetzten und Mitarbeitern zu sehen. Missachtung oder »Liebesentzug«, etwa als Strafe von jemandem, der mit etwas nicht einverstanden ist, trifft Frauen wegen ihrer Beziehungsorientiertheit meist viel härter als Männer. Sie sollten sich zwar nicht von Ihren Gefühlen abschneiden, aber es ist hilfreich zu wissen, dass Sie dem anderen Macht über sich einräumen, wenn Sie sich davon abhängig machen, dass er einen persönlich mag. Schließlich sind Kolleginnen und Kollegen weder Liebespartner noch Familienmitglieder. Wenn Sie den Eindruck haben, dass Sie manche Dinge im Job zu persönlich nehmen, versuchen Sie für sich, beide Ebenen auseinander zu dividieren. Die folgenden Fragen sind dabei sehr hilfreich.

Überprüfen Sie Ihre beruflichen Beziehungen

- Wie sieht Ihre persönliche Beziehung zu der anderen Person aus?
- Wie sieht die sachliche Beziehung zu der anderen Person aus?
- Wie stark wollen Sie beides miteinander verknüpfen?
- Wollen Sie mit der Person tatsächlich befreundet sein?
- Oder reicht ein gutes, kollegiales Verhältnis?
- Was ist dazu nötig?
- Welche Ihrer Ansprüche an persönliche Beziehungen können Sie eventuell besser privat ausleben statt im Job?
- Wie können Sie selbst Ihre sachliche, fachliche Ebene stärken, um sich unabhängiger von der Beziehungsebene zu machen?
- Welche Vorteile bietet es für Sie, wenn die Beziehung weniger persönlich ist?

Sie werden erkennen, wie erleichternd es ist, wenn Sie feststellen, dass es gar nicht nötig ist, von jedem gemocht zu werden. Die Spielräume, die sich dann für Sie auftun, können Sie kreativ nutzen, um Ihre eigenen Vorstellungen zu verwirklichen.

4. Grundregel: Nutzen Sie Ihre eigenen Ressourcen für den Umgang mit Macht

Eine wichtige Ressource für den eigenen Umgang mit Macht liegt darin, was man in der Kindheit erfahren hat. Die Münchner Trainerin Christiane Gerlacher ist davon überzeugt, dass für Frauen vor allem die Haltung des Vaters große Bedeutung hat. Besonders die Frage, ob man in der Familie die Erlaubnis bekommen hat, sich gegen Männer wehren zu dürfen, spielt für sie eine zentrale Rolle. Christiane Gerlachers Vater hat ihr quasi die Erlaubnis gegeben, sich mächtig zu fühlen. Sie erinnert sich daran, wie sie als Kind einen Konflikt mit einem Mathelehrer hatte. Ihr Vater übte daraufhin mit ihr Mathe, vermittelte ihr aber auch die Haltung, dass Frechheit siege und dass sie sich von ihrem Lehrer nichts gefallen lassen müsse. Sicher macht es vieles einfacher, wenn Frauen solche Situationen in der Kindheit positiv erlebten. Aber auch, wer solche Erfahrungen nicht erlebt hat, kann sich den Zugang zu den eigenen Ressourcen erarbeiten. Ein hilfreiches Mittel dabei ist, eine Fantasiereise zum Thema Macht zu machen, wie Christiane Gerlacher sie bei Seminaren einsetzt. Am besten bitten Sie eine Freundin, folgende Reise mit Ihnen gemeinsam zu unternehmen und Ihnen die Fragen vorzulesen. Es ist wichtig, dass die Pausen zwischen den einzelnen Fragen lang genug sind, damit bei Ihnen nach und nach Bilder und Gefühle auftauchen können. Rechnen Sie mit einer halben Stunde für die Reise. Wenn Sie mögen, tauschen Sie anschließend die Rollen. Schicken Sie dann Ihre Freundin auf die Machtreise. Wenn Sie mögen, können Sie sie anschließend über Ihre Reiseerfahrungen austauschen. Manches wird vielleicht ganz ähnlich sein, anderes wiederum ganz unterschiedlich.

Fantasiereise zum Thema »Macht«

Praxis

Schließe die Augen.
Atme so lange aus, bis der Atem einsetzt.
Konzentriere dich auf deinen Atem und den Rhythmus.
Spüre deine Füße auf dem Boden.
Deine Gedanken kommen und gehen.
Höre die Geräusche von außen, diese haben keine Bedeutung für dich.
Wenn du willst, geh mit mir zurück ins Schulalter:

- Wo habe ich zu dieser Zeit gelebt?
- Wer war kontinuierlich um mich herum?
- Wer war täglich, häufig, selten bei mir?

Schaue dir die Personen an.

- Welche Verhaltensweisen musste ich an den Tag legen, um Einfluss auf meine Bezugspersonen nehmen zu können?
- Welche Art von Macht habe ich von ihnen zugestanden bekommen?
- In welchen Situationen hatte ich die Möglichkeit, Einfluss zu nehmen?

Wenn du dich an eine Situation erinnerst, in der du Einfluss nehmen konntest, frage dich:

- Welche Gefühle waren damit verbunden?
- Was habe ich über mich und die anderen gedacht?
- An welche Körperreaktionen kann ich mich erinnern?
- Bei welchen Personen fühlte ich mich ohnmächtig, hilflos?
- In welchen Situationen hätte ich so gerne mitbestimmen und Einfluss nehmen wollen?

Erinnere dich an eine Situation, in der du keinen Einfluss nehmen konntest.

- Welche Gefühle waren damit verbunden?
- Was habe ich über mich und die anderen gedacht?

Macht ist etwas Tolles!

- An welche Körperreaktionen kann ich mich erinnern?
- Welche Entscheidung habe ich damals in diesen Momenten getroffen?
- Wie ist das heute in meinem beruflichen Umfeld, wie in meinem privaten Umfeld?
- Gibt es Ähnlichkeit beziehungsweise Parallelen, wie ich früher Einfluss genommen habe und wie ich es heute tue?
- Gibt es in meinem heutigen Leben Parallelen zu den Situationen, in denen ich mich früher ohnmächtig fühlte und wann ich mich auch heute ohnmächtig fühle?
- Welche Entscheidung treffe ich heute?

Spüre wieder deinen Atem.
Komm langsam zurück.
Strecke dich.
Schüttle deine Arme und Beine.
Öffne deine Augen wieder.

Tipp

Die vier Grundregeln für den Umgang mit Macht, die Sie kennen sollten:

1. Akzeptieren Sie die hierarchische Rangordnung.
2. Schützen Sie mit Macht die eigene Position.
3. Entscheiden Sie, wem Sie Macht einräumen.
4. Nutzen Sie Ihre eigenen Ressourcen für den Umgang mit Macht.

2. ES GIBT IMMER EINEN PLATZHIRSCH

Da es für Männer im Job in der Regel wichtig ist, Macht zu haben, spielt es eine große Rolle, wie man sich im Machtsystem positioniert. Die zweite der zehn wichtigsten Männer-Spielregeln im Job lautet deshalb: »Es gibt immer einen Platzhirsch«. Was bedeutet das? Die meisten Unternehmen sind nach dem Pyramidenprinzip aufgebaut. Sie sind von einer breiten Basis hin zu einer schmalen Spitze organisiert und haben klare, hierarchische Strukturen, die sich in den einzelnen Abteilungen oder Arbeitsgruppen abbilden. Entsprechend sehen sich männliche Führungskräfte eher an der Spitze, organisieren und kontrollieren die Tätigkeit ihrer Mitarbeiter und ordnen an. Frauen hingegen organisieren auch als Führungskräfte ihre Arbeit oft eher kreisförmig, beteiligen sich gemeinsam mit ihren Mitarbeitern an deren Umsetzung und pflegen in der Regel einen teamorientierten Kommunikationsstil. Entsprechend ihrer ganzheitlichen Einstellung favorisieren sie gemeinsame Projektbesprechungen und legen großen Wert auf den Dialog mit ihren Mitarbeitern. Die Kommunikation kann direkt zwischen den einzelnen Aufgabenbereichen fließen und ist nicht auf Anordnungen von »oben« beschränkt.

In vielen Unternehmen, Instituten, öffentlichen Verwaltungen, Universitäten, Krankenhäusern, aber auch zwischen Selbstständigen und Kunden gelten ähnliche Prinzipien, wie sie schon bei den Spielen der Jungen in der Kindheit üblich waren. Sie fordern wettkampforientiertes Verhalten, bei dem es um die Festlegung von Rangordnungen sowie das Präsentieren von Siegeswillen und Unabhängigkeit geht. Durch ihr Kommunikationsverhalten legen Männer in den unterschiedlichen Gruppen, in denen sich ihr Berufsalltag abspielt, ständig die soziale Hierarchie im Machtsystem fest. Dabei wird geklärt, wer der Platzhirsch ist, wer der Zweite, Dritte und so weiter.

Wettkampforientiertes Verhalten ist Männern von klein auf vertraut.

Für die meisten Männer ein – wenn auch unbewusster – so doch vertrauter Vorgang. Frauen dagegen ist dieser Mechanismus meist völlig fremd. So sensibel sie für zwischenmenschliches Verhalten in der Regel sind, entgeht ihnen doch, was auf dieser Ebene abläuft. Der Grund: Der Code ist ihnen einfach nicht vertraut.

Hierarchische Strukturen **erkennen**

Hier hilft nur Feldbeobachtung. Etwas entspannter und mit etwas mehr Distanz als in der eigenen Abteilung lässt sich der Mechanismus bei Workshops und Seminaren mit Teilnehmern aus verschiedenen Unternehmen beobachten. Dort treffen alle neu zusammen und sind grundsätzlich gleichberechtigt – oder? Beobachten Sie doch bei Ihrer nächsten Fortbildung einmal:

Praxis

Woran erkennen Sie hierarchische Strukturen?

- Wer stellt die meisten Fragen?
- Wer übernimmt eine Art »Co-Training«?
- Wer möchte Formalien wie etwa die Pausenzeiten ändern?
- Wer bringt Gegenargumente?
- Wie lange dauert es, bis sich eine Rangordnung gebildet hat?
- Wie ändert sich die Rangordnung beispielsweise im Verlauf eines Seminars?
- Welche Strategien der Teilnehmer sind dabei erfolgreich?

Aufschlussreich ist auch zu überlegen, mit welcher Rolle sich die einzelnen Teilnehmer positionieren. Am besten erstellen Sie schriftlich eine Rangordnung der Teilnehmer und vergessen Sie nicht, sich auch selbst dabei einzuordnen. Auch, wenn Sie dann feststellen müssen, dass Sie auf dem letzten Platz stehen – verdrängen gilt nicht. Schauen Sie dieser Tatsache klar ins Auge und entwickeln Sie Gegenstrategien. Anregungen dazu finden Sie im Folgenden.

Wie Sie das **Platzhirsch-Prinzip** strategisch nutzen

Als »Mannweib« den Platzhirschen zu trotzen, ist kein cleveres Verhalten, da es nicht authentisch und damit nicht überzeugend ist. Es gilt, den eigenen Spielraum an Weiblichkeit zu nutzen, ohne zum Püppchen zu mutieren. Dabei ist es wichtig zu sehen, welches die Hauptaktionsfelder des Platzhirsches sind. Natürlich möchte er gern in der Gruppe beweisen, dass er der Tollste ist. Das bedeutet, dass Platzhirsch-Gebaren vor allem dann auftritt, wenn eine gewisse Öffentlichkeit in der Jobsituation gegeben ist, etwa bei Abteilungsmeetings. Für Frauen bedeutet das, sich klar zu werden, dass in solchen Situationen eine andere Spielordnung gilt als zu anderen Gelegenheiten.

Bei Meetings und Präsentationen: Das eigene Terrain sichern

Achten Sie auf die neun wichtigsten Do's von Platzhirschen und machen Sie sie sich im Joballtag strategisch zunutze:

1. Sagen Sie »Ich«
2. Sprechen Sie nie ungefragt negativ über sich
3. Melden Sie sich in jeder Besprechung zu Wort
4. Denken Sie in Besprechungen *nicht* laut
5. Setzen Sie anderen verbal Grenzen
6. Halten Sie sich nicht mit formalistischen Details auf
7. Machen Sie sich als Expertin wichtig
8. Kämpfen Sie für die Bedeutung Ihrer Abteilung
9. Punkten Sie mit Zahlen

1. Sagen Sie »Ich«

> Ulla Schilder arbeitet als Software-Expertin in der EDV-Abteilung eines Telekommunikationsunternehmens. Seit drei Monaten gibt es in ihrer Abteilung einen neuen Gruppenleiter. Er ist aktiv, äußert seine eigene Meinung deutlich, macht aber mit seinen Statements oft auch andere nieder: »Das ist das typische Platzhirsch-Verhalten, er tut so, als ob er genau weiß, wie's läuft und was richtig ist.«

Dieses Verhalten hat Cornelia Schmalenbach als Geschäftsführerin eines Vereins bei Kollegen und Geschäftspartnern beobachtet: »Männer starten Gespräche oft mit der Haltung › Mal gucken, wer gewinnt. Es geht oft nicht darum, die beste Lösung zu finden, sondern zu gewinnen. Frauen handeln dagegen sehr konkret und verfassen gleich Aufgabenpläne.«

Wichtig ist, den Gesprächspartnern zu vermitteln, dass man zu den eigenen Aussagen steht. Die Verwendung des Wortes »Ich« ist dazu sehr hilfreich. Überzeugend wirkt auch, da, wo es angebracht ist, auf die eigenen Erfolge zu verweisen. Das bedeutet, auch intern möglichst viele Kanäle zu nutzen, um sich selbst und die Bedeutung der eigenen Position darzustellen – zum Beispiel durch einen Artikel in der Mitarbeiterzeitung. Oder etwa das eigene »Ich« durch Vorträge als Referentin innerhalb und außerhalb der Firma sichtbar zu machen. Was wie eine Selbstverständlichkeit klingt, ist es noch lange nicht. Frauen halten sich im Job immer noch viel zu vornehm zurück. So sind – trotz aller Aufklärungshilfe von Sprachexpertinnen wie Deborah Tannen – bei vielen immer noch Wörter wie »könnte«, »hätte«, »sollte« sehr beliebt. Dabei ist grundsätzlich eine sparsame bis geizige Haltung diesen Wörtern gegenüber angebracht. Der Konjunktiv relativiert die eigene Meinung. Frauen präsentieren sich damit nicht als Gewinnerinnen, sondern laden alle anderen damit ein, zu denken und dann auch zu sagen, dass »man das aber ganz anders machen könnte«.

Aber aufgepasst: Es gibt viele Situationen, in denen es strategisch sinnvoll sein kann, nicht tough auf die eigene Position pochend aufzutreten, sondern bewusst die indirekte Ausdrucksmöglichkeit parat zu haben. »Natürlich kann ich wie ein Mann sagen ›Ich will, dass das so und so gemacht wird‹«, sagt Ulrike Schlüter, Chefredakteurin einer Frauenzeitschrift. »Aber in vielen Fällen ist es sinnvoller, das weibliche Repertoire zu nutzen und mein Gegenüber zu fragen, ob man dies oder jenes nicht auch so oder so machen könnte. Denn dann hole ich die betreffende Person viel besser bei ihrem Standpunkt ab, ohne ihren Widerstand zu provozieren. Gerade wir Frauen haben doch die Fähigkeit zu merken, wo sich der andere befindet.« Auch hier gilt: Es gibt keine Patentlösung, aber es macht Sinn, darüber nachzudenken, welcher Sprachstil welcher Situation gerecht wird.

Notwendige Voraussetzung, um »Ich« sagen und auf die eigenen Leistungen verweisen zu können, ist, die eigene Leistung auch anzuerkennen. Frauen sind oft sehr zurückhaltend, wenn es darum geht, von ihren eigenen beruflichen Erfolgen zu berichten, hat Ulla Pöllinger, Senior-Key-Account-Manager im Vertrieb eines amerikanischen Medienunternehmens und Vorstand EWMD (European Women's Development Network), festgestellt. Die 33-Jährige hat inzwischen eines erkannt: Die eigenen Leistungen bekannt zu machen, muss nicht bedeuten, dass man sich persönlich in den Vordergrund spielen will. Ihre Strategie: Sie setzt bewusst auf ›Best Practice‹-Management, indem sie Kollegen und Vorgesetzten den Stand ihrer Projekte und die Ergebnisse mitteilt. »Früher dachte ich auch, dass es nicht gut ankommt, auf Erfolge zu verweisen. Aber inzwischen habe ich ein besseres Selbstbewusstsein für meine Arbeit entwickelt und erkannt, dass falsche Bescheidenheit schnell zu mangelndem Informationsfluss führen kann.«

2. Sprechen Sie nie ungefragt negativ über sich

Beobachten Sie in den nächsten Tagen einmal sich selber und Ihre weibliche Umgebung genau. Sie werden feststellen, wie häufig Frauen ungefragt etwas Negatives über sich erzählen, obwohl das gar nicht nötig wäre. Und die Sache geht noch weiter. Zu gerne steigen andere Frauen, aber auch man selbst in diese Geschichte mit einem eigenen Negativbeispiel ein. Frauen sagen damit indirekt: »Ich steige in dein Boot ein, ich kann mit dir mitfühlen.« Doch diese Botschaft verstehen Männer nicht. Unterdrücken Sie deshalb Ihren Impuls, ebenfalls eine Geschichte, die Sie negativ-sympathisch erscheinen lässt, zu erzählen. Sie werden merken, wie schwer das fällt, selbst wenn man sich über den Mechanismus im Klaren ist. Wenn Frauen diese solidarisierende Sprechweise und Gesprächskultur so wichtig ist, dass sie sie unbedingt weiter pflegen möchten, dann sollten sie an ungefährlichen Orten kultiviert werden, in der Familie, bei Familienfesten, unter Freundinnen, beim Flirten. Aber keinesfalls im Job! Damit tut sich keine Frau einen Gefallen und auch nicht der Sache,

Frauen insgesamt als kompetent erscheinen zu lassen. So hielt vor kurzem die Leiterin des Kindergartens, in dem Ulla Schilder ihre Tochter untergebracht hat, eine Rede. Sie entschuldigte sich, dass sie so nervös sei und stottere. Aber davon hatte man gar nichts gemerkt, so Ulla Schilder. Es kam der sprechenden Person viel schlimmer vor als den Zuhörerinnen. Die Absicht, sympathisch und menschlich zu wirken, verfehlte ihren Zweck und erzeugte nur einen unprofessionellen Eindruck.

3. Melden Sie sich in jeder Besprechung zu Wort

Nicht immer muss man das große Ganze mit allen Details präsent haben, um in Besprechungen mitzureden. Das hat Vertriebsmanagerin Ulla Pöllinger ebenfalls mit zunehmender Berufserfahrung gelernt. Früher war sie in Verhandlungen oft zurückhaltend: »Heute beziehe ich eher Position, selbst wenn ich gerade keine Studie und exakte Zahlen parat habe.« Sie hat sich vom unbedingten Perfektionismus ihrer Anfangsjahre gelöst – bewusst in Kauf nehmend, dass eventuell ein nicht so wichtiges Detail nachgetragen werden muss. »Wichtiger ist die Tatsache, dass man überhaupt was sagt, als sklavisch an Details zu hängen.«

Frauen werden nicht gefragt, sie müssen sich selbst einbringen. Der Personalexperte Peter Friederichs forderte als Bereichsleiter in einer Großbank seine Mitarbeiterinnen immer wieder auf, während besonders wichtiger Besprechungen auch etwas zu sagen. Trotzdem schwiegen sie. Als Friederichs nach dem Grund fragte, sagten sie: »Das hat doch der Herr Soundso schon gesagt.« Friederichs Kommentar: »Frauen unterliegen oft dem Irrtum, es müsste relevant sein, was sie sagen, damit sie respektiert werden. Dabei ist es genau umgekehrt. Wenn sie nichts sagen, sieht keiner ihre Kompetenz und keiner nimmt sie ernst. Für Männer sei es einfach wichtig, den Standpunkt der anderen zu kennen – auch wenn es derselbe ist wie der eigene. Es gilt:

Wenn man sich trifft, sollte man auch was sagen. Wer nichts sagt, könnte ja gehen.« Einer Mitarbeiterin erklärte Friederichs das ganz ausdrücklich, indem er sagte: »Sie sind hier in ihrer Berufsrolle. Sie sind hier nicht als Privatperson. Sie sind hier in einer Rolle, für die sie bezahlt werden – so wie eine Schauspielerin, die auf der Bühne den Text von Gretchen im Faust spricht.« Friederichs ist überzeugt: »Frauen überfordern sich und denken, wer weiß, was sie Tolles sagen müssten.« Er hält es für unabdingbar, in der ersten Viertelstunde etwas zu sagen, um ein Merkzeichen zu setzen und damit zu zeigen, »Ich bin hier, ich nehme Einfluss«.

Sagen Sie in der ersten Viertelstunde etwas, setzen Sie ein Merkzeichen.

Überlegen Sie sich einmal, dass es in der Frage, ob sie in Besprechungen etwas sagen oder nicht, nicht nur darum geht, wie Sie selbst von den Männern in Ihrem Unternehmen wahrgenommen werden. Zusätzlich vermitteln Sie den Männern nämlich das Bild, dass Frauen nicht mitreden und ihre Meinung deshalb zu vernachlässigen ist. Stellen Sie sich drei aktive Frauen in einer Runde von insgesamt zehn Personen vor und es entsteht ein völlig anderes Bild: Frauen sind kompetent und reden mit. Von dieser Wirkung kann dann wieder die einzelne Frau profitieren, weil sie ein besseres Standing hat.

Zu den wichtigen Formalien bei der Redezeit gilt auch, grundsätzlich nie die letzte zu sein, die das Wort ergreift. Das wertet Sie ab und führt zu Reaktionen wie »Jetzt will die auch noch was sagen.« Außerdem sollten Sie sich nicht unterbrechen lassen, sondern mit Ihrem Thema fortfahren. Das ist für viele Frauen nicht einfach. Gestehen Sie sich eine gewisse Übergangszeit zu. Wirksamer, als bestimmte Formulierungen für solche Situationen auswendig zu lernen, ist es, sich eine bestimmte Haltung zuzulegen. Nämlich: davon überzeugt zu sein, dass das eigene Thema wichtig ist und deshalb zu Ende gebracht werden muss. Und sich mit einem inneren Augenzwinkern zu sagen, dass man zwar weiß, dass der Kollege gern mit seiner Unterbrechung einen Platzhirsch-Punkt machen will, dass man das aber jetzt einfach nicht durchgehen lässt. Mit einer solchen Haltung findet man die richtigen Worte dann von selbst.

Um die eigene Bedeutung und symbolisch die Größe des Reviers zu unterstreichen, ist die Redezeit ein wichtiges Hilfsmittel. Achten Sie also darauf, dass Sie nicht zu kurz sprechen. Dazu neigt man leicht aus Unsicherheit, weil man den unangenehmen Akt des Sprechens vor anderen möglichst schnell hinter sich bringen will. Als Gegenstrategie hilft es, sich vorher positiv auf die Besprechung einzustimmen – etwa, wie schön es ist, dass man etwas zu sagen hat und dass die anderen einem genauso zuhören müssen, wie man selbst ihnen. Gegen das Abkürzen eines Redebeitrags hilft auch, sich vorher Stichpunkte zu notieren – und dann auch wirklich zu jedem Punkt etwas zu sagen.

> **Ulrike Schlüter** meint, dass das Getrommel die größte Überraschung in männlichen Manager-Runden war. »Dieses ständige Auto-Reverse, wenn's immer wieder von vorn losgeht – ich habe mich immer gefragt, ob denn niemand merkt, dass die anderen sich ständig wiederholten.«

Männer benutzen bei Besprechungen oft Vokabular aus dem militärischen Bereich oder aus der Trinkkultur wie etwa »Das Gefecht geben wir nicht kampflos auf«, »Wir erreichen diese Flughöhe« oder »Den Schluck aus der Pulle holen wir uns zurück«. Interessanterweise sind das Gebiete, die rein männlich definiert sind, zu denen Frauen keinen beziehungsweise kaum Zutritt haben. Lassen Sie sich davon jedoch nicht abschrecken. Es scheint nicht so zu sein, dass das Vokabular in erster Linie dazu dient, Frauen draußen zu halten, sondern durch die Sprache die männliche Platzhirsch-Mentalität zu stärken. Auch Sie werden die Erfahrung machen, dass die Männer sich anpassen und ebenfalls auf diese Sprachebene einsteigen, wenn sie konsequent sprachlich auf Ihrer Ebene bleiben.

Auch wenn es wichtig ist, sich zu Wort zu melden, wenn Sie eine neue Position übernehmen, gilt: Überstürzen Sie nichts. Schließlich müssen Sie erst einmal den Code kennen lernen und ein Gespür dafür entwickeln, auf welche Art und Weise in der Runde kommuniziert wird. Clara Nowak hat für sich eine gute Lösung gefunden.

> Clara Nowak, 42, leitet die Abteilung Firmenkunden bei einer Versicherung. Bei den ersten Besprechungen im Führungszirkel wurde sie an fremde Eingeborenenrituale erinnert: »Zunächst war ich als Stellvertreterin bei den Meetings dabei und ich habe nur Bahnhof verstanden. Ich verstand weder, was besprochen wurde, noch war mir klar, ob und wenn ja, was beschlossen wurde.« Eine Kollegin, die an diesen Besprechungen schon länger teilnahm, beruhigte sie: Das sei ganz normal. Inzwischen hat sich Clara Nowak an das Imponiergehabe der Männer gewöhnt und kann die wichtigen Aussagen herausfiltern. Und sie forderte sich selbst mit ihrer Erkenntnis zum Mitspielen auf: »Hey, du musst lauter sein, nur dezent reicht nicht.«

Lassen Sie sich jedoch Zeit, den Ihnen angemessenen Weg zu finden. Birgit Kraft hat nach einer Weile ihrem eigenen Stil vertraut.

> Birgit Kraft ist Mitglied der Betriebsleitung und nimmt an diversen Verhandlungen mit dem Betriebsrat teil. Es dauerte jedoch, bis sie sich dort durchsetzte. Am Anfang wurde sie belächelt, und sie hatte den Eindruck, einer total verschworenen Gruppe gegenüberzustehen. Es gab so gut wie keine Kommunikation mit ihr. Sie wurde ganz genau beäugt und hatte den Eindruck: »Fehler werden bestraft«. Sie setzte auf Freundlichkeit, gute Manieren, emotionale Zurückhaltung und darauf, sich keine menschliche Blöße zu geben. Ihre Einstellung: »Ich lasse das Ganze mal langsam auf mich zukommen und konzentriere mich aufs Fachliche. Die Zeit wird's schon bringen, das hat noch immer geklappt.« Und so war es nach einiger Zeit dann auch und sie wurde in der Runde respektiert.

4. Denken Sie in Besprechungen nicht laut

Mareike Buchholz, eine 29-jährige Landschaftsarchitektin, war begeistert von ihrem kreativen Beruf. In dem zehnköpfigen Team des Planungsbüros, in dem sie vor zwei Jahren direkt nach dem Studium einen Job gefunden hatte, fühlte sie sich in der netten und kollegialen Atmosphäre wohl. Sie betreute selbstständig ein kleineres Projekt und war stolz darauf, bei Besprechungen nach ihrer Meinung zu Dingen gefragt zu werden, die ihr Projekt betrafen. Der Firmenchef kam dabei oft mit neuen Ideen und Fragen auf sie zu, ob man etwas so oder so machen könne. Sofort sprudelte Mareike Buchholz los und fing an, laut zu überlegen: »Ja, dies und jenes würde dafür sprechen, das in Zukunft so und so zu machen ... aber nein, das und das würde dagegen sprechen ... ja und dann wäre da noch der und der Aspekt zu beachten ...« Und obwohl Mareike stolz darauf war, ihren Chef an ihren kreativen Gedanken teilhaben zu lassen, fühlte sie sich doch von Mal zu Mal unsicherer und unwohler, wenn sie so antwortete.

Ihre im Vergleich zu Männern oft besser ausgebildete Sprachfähigkeit sollten Frauen zielorientiert einsetzen. In einer Besprechung als Frau laut zu denken, um so freundlich eine Beziehung zum anderen herzustellen – davor warnt das australische Gender-Duo Barbara und Allan Pease ausdrücklich: »Ein Mann meint, dass eine Frau ihm eine Liste mit Problemen vorlegt, die er für sie lösen soll, und so beginnt er, sich Sorgen zu machen, regt sich auf oder versucht, ihr zu sagen, was sie tun soll. In einer geschäftlichen Besprechung halten Männer eine Frau, die laut denkt, für zerstreut, undiszipliniert oder dumm.« Sie sollten Männer daher nur an den Schlussfolgerungen Ihres Denkens teilhaben lassen.

5. Setzen Sie anderen verbal Grenzen

Auf abwertende Bemerkungen müssen Sie sofort reagieren. Dabei ist es wichtig, die eigene Unsicherheit nicht zu zeigen. Oft lohnt sich ein Pokerface, weil die anderen (vor allem Männer) gar nicht merken, wie Ihnen wirklich zumute ist.

> Ulla Schilder hatte schon immer das Gefühl, kämpfen zu müssen, um ernst genommen zu werden, da sie als 41-Jährige immer noch fünf Jahre jünger geschätzt wird, nur 155 Zentimeter groß ist und dazu noch eine Frau ist. Vielleicht ein Grund dafür, warum sie besonders empfindlich auf abwertende Bemerkungen reagiert: »Bei einem Projekt sagte ein männliches Projektmitglied › Mädchen‹ zu mir, da habe ich ihn sofort in die Schranken gewiesen und gesagt, dass diese Anrede nicht o.k. ist. Und das hat er auch akzeptiert. Sicher, es wäre noch schöner gewesen, ich hätte etwas Schlagfertiges, Witziges sagen können, aber Hauptsache, es funktioniert.«

Schlagfertig jemanden in die Schranken zu weisen, ist sicher schön. Aber es bringt nichts, hier ein weiteres Feld für weiblichen Perfektionismus zu eröffnen – nach dem Motto: »Es reicht nicht, den anderen in seine Grenzen zu weisen, ich muss es auch noch schlagfertig tun.« Sicher, man kann Schlagfertigkeit üben, aber man sollte dafür nicht zu viel Energie investieren. Schlagfertigkeit ist das Sahnehäubchen der Souveränität. Wenn man sich sicher fühlt, wird man oft wie von selbst schlagfertig und kann sich daran freuen.

Auch im Diskussionsstil gibt es Unterschiede zwischen Männern und Frauen. Männer sagen spontan ihre Meinung und reden, bis sie unterbrochen werden. Frauen hören aufmerksam zu, unterbrechen selten und äußern ihre Meinung vor allem in Gesprächspausen oder wenn sie direkt gefragt werden. Der Philosoph Peter Raabe hat festgestellt, dass Männer oft den Eindruck hätten, ihre Gesprächspartnerin sei unsicher und habe keine eigene Meinung, Frauen hingegen fänden Männer deshalb im Gespräch häufig aggressiv und arrogant.

Auch wenn es im Job zu Konflikten kommt, weil beispielsweise ein Kollege einem eine gute Idee weggenommen hat, gilt es Grenzen zu setzen und geschickt die eigene Position deutlich zu machen. Da Nörgeln nicht weiterhilft, empfiehlt die Trainerin Cornelia Topf dem Kollegen zu signalisieren, dass man das sehr wohl mitbekommen hat und nicht durchgehen lässt – oder eine Gegenleistung dafür fordert nach dem Motto »Du schuldest mir noch etwas«. Das ist wesentlich eleganter und konstruktiver anstatt darüber zu lamentieren.

6. Halten Sie sich nicht mit formalistischen Details auf

Wer auf Formalien beharrt, zeigt Schwäche: »Frauen machen sich oft selbst zur kleinen Minimaus, wenn sie ihren Vorgesetzten darauf hinweisen, dass doch noch das Detail auf Seite 13 ihres Berichts zu beachten sei.« Das, so der Personalexperte Peter Friederichs, liefe für Männer unter »Genörgel« und gehe ihnen auf die Nerven. Logisch, dass die Person, die dieses Verhalten zeigt, dann in der Rangordnung ganz nach unten rutscht. Also Achtung: Hüten Sie sich vor inhaltlicher Detailkrämerei. Aber verfallen Sie nicht dem Irrtum, dass es auf der Hierarchieebene nach demselben Prinzip läuft, dass Formalien nichts gelten. So ist das »Verteiler-Spielchen« sehr wohl unter Männern recht beliebt. Es funktioniert so: Ein Mann will seine eigene Bedeutung klar machen und sich gleichzeitig im Machtgefüge mit seiner Position absichern. Der Spielzug besteht dann darin, eine E-Mail oder einen Brief, der die eigene Position deutlich macht, an einen möglichst großen Verteiler zu schicken. Auf Frauen wirkt das meist lächerlich, auf manche Männer auch. Aber Vorsicht, keine Illusionen bitte: Wenn dieses Verhalten nie etwas bringen würde, wäre es bestimmt schon längst der Büro-Evolution zum Opfer gefallen.

7. Machen Sie sich als Expertin wichtig

»Männer leben im Job ihr Platzhirsch-Verhalten oft über Expertentum aus«, hat Peter Cornelsen, Inhaber eines Grafikbüros, bei sich selbst und anderen beobachtet. Interessanterweise funktioniert das Muster auch in der Freizeit, so, als ob die Männer es spielerisch trainieren würden. So gibt es in seinem privaten Kreis eine Männergruppe, die sich zu gemeinsamen Weinverkostungen trifft. Gleichzeitig hat er Freunde und Bekannte, mit denen er sein Interesse am Heimwerken teilt. In der Weingruppe ist seiner Ansicht nach definitiv ein anderer der Platzhirsch. Beim Heimwerkerthema hat der handwerklich geschickte und erfahrene Peter Cornelsen oft selbst die Nase vorn. Weitere beliebte Themen, bei denen sich Männer als Experten positionieren, sind Autos oder Sport. Die Sekretärin Sabine Braun, die sich nicht weiter für Fußball interessiert, bekommt beim Nachrichtensehen nebenbei die Bundesligaergebnisse mit – und wundert sich, dass es ihr unter Männern Respekt einbringt, wenn sie die wichtigsten Spielergebnisse kennt.

Nun müssen Sie nicht ganze Tage opfern, um sich mit Sport zu beschäftigen, wenn Sie das gar nicht interessiert. Aber Sie könnten sich von diesem Beispiel anregen lassen, sich zu überlegen, auf einem Gebiet, das geschickterweise auch für Männer interessant ist, zur Expertin zu werden. Als Expertin müssen Sie sich allerdings auch trauen, Ihr Wissen in der Runde einzubringen und sich notfalls gegen andere behaupten, die ihren Platz in der Rangordnung ebenfalls mit Wissen oder geschicktem Halbwissen zu diesem Thema einnehmen wollen. Wenn Sie nach Gebieten Ausschau halten, auf denen Sie zur Expertin werden könnten, übersehen Sie dabei nicht, mit Jobinfos zu punkten. So glänzt die Managerin Silke Bohnstedt-Wieland mit Wissen über Branchentrends und News von Kundenunternehmen – das kommt immer gut an, auch bei informellen Treffen.

8. Kämpfen Sie für die Bedeutung Ihrer Abteilung

Interessanterweise kämpft der Platzhirsch auch für die Bedeutung »seiner« Abteilung. So machte Ulla Schilder in ihrem Unternehmen eine interessante Beobachtung. Mit der EDV klappte etwas nicht. Ein Kollege der Fachabteilung beschwerte sich bei Ulla Schilders Kollegin in der EDV-Abteilung. Die Kollegin war sofort bestürzt und sah die EDV-Abteilung in der Verantwortung. Die Ursache des Fehlers war aber noch gar nicht ausgemacht. Daraufhin mischte sich der Gruppenleiter der EDV-Abteilung ein und sagte zum Kollegen aus der Fachabteilung: »Wir wollen Ihr Problem beheben.« Anstatt sich den Schuh gleich anzuziehen, zog er erst einmal eine Grenze und wies den Angriff auf die EDV-Abteilung zurück. Ein Machtverhalten, das Ulla Schilder (noch) schwer fällt: »Ich hab's eben nicht mit der Muttermilch aufgesogen«.

9. Punkten Sie mit Zahlen

»Männer lieben Zahlen, Tabellen und Statistiken«, sagt Ulrike Schlüter, die festgestellt hat, dass es ihr sehr wohl Respekt einbringt, dass sie als studierte Psychologin, die in Statistik ausgebildet wurde, Tabellen lesen kann. Sie rät, diesen Bereich keineswegs auszuklammern, da es Männer wirklich verblüffe, wenn Frauen davon etwas verstehen. Egal, ob Mathe Ihr Lieblingsfach in der Schule war oder nicht, ob sie Controlling für einen Traumberuf halten oder nicht, nehmen Sie die Herausforderung an und üben Sie den Umgang mit Tabellen und Statistiken und was man aus ihnen herauslesen kann. So meldete sich Ulrike Schlüter in größerer Runde mit einer statistischen Anmerkung zu Wort. Einer der obersten Manager studierte die Tabelle noch einmal, alle schwiegen. Dann sagte er: »Ich muss Frau Schlüter Recht geben.« Das bringt natürlich in der Gruppe Punkte in der Rangordnung.

Ändern Sie die Spielregeln, um Besprechungen **effektiver** zu gestalten

Sie sind genervt, dass Besprechungen immer so lange dauern, weil das Platzhirschgehabe so viel Zeit kostet? Das sind viele Männer auch. Sie stecken in einem Dilemma, weil sie sich zwar einerseits darstellen wollen, aber andererseits natürlich auch unter Leistungsdruck stehen und ihnen die in endlosen Besprechungen vertane Zeit für andere Aufgaben ihres Jobs fehlt. Sie können dieses »Besprechungsdilemma« als Chance nutzen, um Meetings so mitzugestalten, dass sie kürzer dauern. Ein mögliches Vorgehen ist dabei etwa, den Platzhirschen zwar zunächst etwas Zeit zur Selbstdarstellung einzuräumen, dann aber ergebnisorientierte Fragen zu stellen.

> **Tipp**
>
> **Stellen Sie bei Meetings folgende Fragen:**
> - Was wollen wir erarbeiten?
> - Wie viel Zeit ist für die Besprechung vorgesehen?
> - Wie geht es weiter?
> - Was sind die Ergebnisse?
> - Wer ist für die Umsetzung zuständig?

Geben Sie den Platzhirschen so die Möglichkeit, statt sich mit endlos vertaner Redezeit lieber mit den Ergebnissen zu schmücken. Dafür werden alle Teilnehmer dankbar sein und Sie werden als Teilnehmerin eine aktivere Rolle haben und nicht passives Opfer des »Platzhirschgebarens« sein.

Respektieren Sie **fremdes Terrain**

Zum Thema »Platzhirsch« gehört auch die Vorstellung, dass die »Hirsche« jeweils ein Revier besetzen, das abhängig von ihrer Bedeutung unterschiedlich groß sein kann. Der Knackpunkt ist, dass Männer untereinander die Reviere der anderen normalerweise respektieren. Sie sind sich im Berufsleben unbewusst oder bewusst völlig klar darüber, welche Entscheidungen oder Vorgänge Folgen für das Revier des anderen haben könnten. Und wenn sie in das Terrain eines anderen eingreifen, sind sie sich klar darüber, dass es dadurch zu Konflikten kommen kann. Frauen haben dagegen hierfür oft kein Gefühl und machen Vorschläge, wie man etwas in anderen Revieren ändern könnte, ohne sich etwas dabei zu denken. Dadurch machen sie sich bei den männlichen Kollegen nicht beliebt. Männer empfinden so etwas als Angriff. Die plötzliche Feindseligkeit, die sie dann ausstrahlen, können Frauen nicht nachvollziehen: »Ich habe es doch nur gut gemeint, ich habe doch nur für die Sache argumentiert«. Doch für die Männer zählt die Sache eben nur bedingt. Das Unternehmen voranzubringen, ist zwar ein hehres und wichtiges Ziel, die meisten sind aber sehr darauf bedacht, dass das nicht auf Kosten ihres eigenen Einflussbereichs im Machtsystem geht. Diesen müssen sie vor Eindringlingen unbedingt schützen. Sie als Frau sollten also lieber zweimal überlegen, bevor Sie Vorschläge machen, die Ihrem Team mehr Kompetenzen einräumen oder die nicht nur Ihre eigene Abteilung, sondern auch andere Abteilungen betreffen.

Die Platzhirsche **motivieren**

Frauen sollten immer bedenken, dass ihre Vorschläge, damit sie von Männern akzeptiert werden, konkreten Nutzen für die Platzhirsche bieten müssen. Um zu erkennen, worin der Nutzen liegen könnte, hilft es, sich das Modell der Maslow'schen Bedürfnispyramide vor Augen zu führen. Der amerikanische Psychologe und Motivationsexperte Abraham Maslow geht dabei davon aus, dass es eine Hierarchie der Bedürfnisse gibt, die in einer festgelegten Reihenfolge befriedigt werden müssen:

1. Ebene und damit auch die Basis-Ebene:
   Körperliche Bedürfnisse

2. Ebene:
   Bedürfnis nach Zugehörigkeit und Liebe

3. Ebene:
   Bedürfnis nach Achtung:

   Wertschätzung der eigenen Person, Anerkennung von Leistung, Kompetenz, Wunsch nach Prestige, Ruhm, Status und Freiheit

4. Ebene:
   Bedürfnis nach Selbstverwirklichung

Interessanterweise hat Maslow die Bedürfnispyramide so konstruiert, dass das Bedürfnis nach Selbstverwirklichung erst nachrangig folgt. Dieses Bedürfnis steht für viele Frauen aber vor dem Wunsch nach der Wertschätzung der eigenen Person. Diese Pyramide sieht also nur an der Basis für Männer und Frauen gleich aus, dann unterscheidet sie sich. Für Frauen macht es Sinn, sich das bewusst zu machen, weil sie so den Bedürfnissen der Platzhirsche nach Anerkennung Rechnung tragen und sie entsprechend besser motivieren können. Beispielsweise könnten Frauen ihrem Vorgesetzten gegenüber so argumentieren: »Wenn wir diesen Vorschlag auf die besprochene Art und Weise umsetzen, sind wir schlagkräftiger und können so besser im Unternehmen das von Ihnen initiierte Projekt erfolgreich voranbringen.« Damit ist der Chef zum einen als Initiator des Projektes gewürdigt, und die Formulierung zeigt einen Weg auf, wie er sich als Platzhirsch im Unternehmen profilieren kann.

Der **Chef** als **Platzhirsch**

Weil Männer bereit sind anzuerkennen, dass es immer einen Platzhirsch gibt, sind sie auch bereit, ihren Chef als solchen zu respektieren. Er ist eben einfach für den Moment der mächtigere Platzhirsch. Das heißt, die meisten Männer sind sich vollkommen darüber im Klaren, dass ihr Chef die wichtigste Person für ihre Karriere ist. Und das bedeutet, dass die Zufriedenheit des Chefs mit ihnen für ihren eigenen Erfolg unabdingbar ist.

Frauen legen dagegen oft ihre eigenen moralischen und oft sehr hohen Ansprüche an ihre Vorgesetzten an – egal, ob diese männlich oder weiblich sind. Wehe, die Vorgesetzten erfüllen diesen Anspruch nicht und schmücken sich dann noch mit der Arbeit ihrer Mitarbeiterin. Was unter Männern völlig normal ist, nämlich Loyalität gegenüber Höhergestellten und hierarchisches Zuarbeiten, ist es für Frauen keinesfalls. Frauen sind oft nicht bereit, von ihren Vorstellungen abzugehen und wundern sich, warum ihr Verhältnis zu ihrem Chef nicht besonders gut ist. Das Problem dabei: Die Frauen können ihre Vorgesetzten nicht ändern – aber zu bestimmten Entscheidungen und Vorgehensweisen motivieren. Männliche Vorgesetzte erwarten, dass Mitarbeiter ihnen gegenüber loyal sind. Für sie ist es in der Regel selbstverständlich, sich mit den Leistungen ihres Teams zu profilieren. Was tun? Frauen haben die Wahl: Sie können ihre eigenen Einstellungen und ihr eigenes Verhalten ändern oder das Risiko in Kauf nehmen, ein schlechtes Verhältnis zu ihrem Chef zu haben. Oft sind qualifizierte Frauen dermaßen in ihren Zorn auf den vermeintlich völlig unfähigen Vorgesetzten verstrickt, dass sie sich ihm gegenüber illoyal verhalten, ohne sich darüber im Klaren zu sein.

Auch die Soziologieprofessorin Christiane Funken weiß aus ihrer Forschung: Bei Frauen ist die Sensibilität für die hierarchische Psychostruktur wenig ausgeprägt. Frauen sehen sich selbst nicht als Mitglied einer hierarchischen Struktur und können daher damit nicht umgehen. Christiane Funken kennt viele weibliche Führungskräfte, die einen sehr kollegialen Umgangston pflegen. Interessanterweise kommen ihre männlichen Mitarbeiter damit gut zurecht und wahren trotz des freundschaftlichen Umgangstons immer eine gewisse Distanz: »So locker der Ton auch ist, sie verlieren nie die Hierarchieebenen aus dem Auge.« Anders die Mitarbeiterinnen. Von ihnen fühlt sich die Chefin oft als Freundin oder »Mutter der Nation« angesehen – beides gleichermaßen unpassende Rollen. Frauen haben aus ihrer Sicht größere Probleme, ihnen zuzugestehen, dass sie die Verantwortung tragen und Entscheidungen fällen. So haben zum Beispiel die Mitarbeiterinnen weniger Verständnis, wenn sie einmal länger bleiben sollen, um etwas fertig zu stellen.

Wie schwer es ist, dieses Gespür für Hierarchien zu entwickeln, zeigt ein weiteres Beispiel. Mit einem männlichen Partner bietet Isolde Rauscher Trainings für die Wirtschaft an. Die Mail mit dem Angebot wollte sie an den Geschäftsführer eines großen Unternehmens schicken – und in Kopie an den Personalleiter, einige Ebenen darunter. Zum Glück fragte sie ihren Partner vorher, was er davon halte: »Gar nichts!« Der Grund: Der Geschäftsführer müsse selbst entscheiden, wem er diese Info zukommen lässt. Bestimmte Codices sind Frauen einfach nicht bewusst, sie müssen sie wie eine Fremdsprache lernen. Natürlich hätte Rauscher bewusst die Regeln brechen und für sich darauf bestehen können, den Personalleiter sofort mit in Kenntnis zu setzen. Doch was hätte das gebracht? Die Wahrscheinlichkeit, einen Auftrag vom Kunden zu bekommen, hätte es sicher nicht erhöht.

Strategisches Vorgehen bei Entscheidungen

Die amerikanische Medienmanagerin und Autorin Gail Evans empfiehlt dringend, sich bei der Entwicklung neuer Ideen nicht auf gleichgestellte Mitarbeiter zu beschränken, sondern immer Unterstützung aus der Führungsetage zu holen, um das Projekt nach vorn zu bringen. Nicht einbezogenes Führungspersonal schmettert »fremde« Vorschläge eher ab. Hat es sich jedoch die Idee einmal zu eigen gemacht und sieht den persönlichen Nutzen, wird es sie auch unterstützen. Kein Wunder: So zeigt man als Mitarbeiterin, dass man das Terrain der Vorgesetzten als derjenigen, die entscheiden, respektiert.

Holen Sie sich Unterstützung aus der Führungsetage, um ein Projekt voranzubringen.

Die Punkte zählen

Gewöhnen Sie sich am besten an, im Hintergrund Ihrer Aufmerksamkeit immer eine Art »Hierarchieradar« mitlaufen zu lassen und damit das eigene Umfeld im Job zu durchleuchten. Die Kernfrage dabei ist: Wer ist mächtig und woran zeigt sich das? Gail Evans rät, im großen Spiel der Platzhirsche um den besten Platz in der Rangordnung den Spielstand immer im Blick zu behalten. Da Frauen häufig (noch) nicht um Geld und Prestige spielen, sind sie an Erfolgssymbolen wie großen Büros mit neuen Möbeln, einer gewissen Anzahl von Mitarbeitern und anderen Privilegien nicht interessiert. Das führt nach Evans nicht nur dazu, dass Besucher an dem unscheinbaren Büro der Abteilungsleiterin vorbeilaufen, sondern auch dazu, dass sie in Position und Motivation nicht ernst genommen wird. Männer unterstellen dann leicht, dass Frauen nicht wissen, worum es eigentlich geht, nämlich um die Inszenierung von Macht. Ein großes Büro mit eindrucksvollen Möbeln und ein dickes Auto demonstrieren Machtfülle und beweisen die Wertschätzung des Unternehmens. Aus einer solchen Stellung heraus lassen sich Verhandlungen leichter führen und Anordnungen Respekt einflößender erteilen.

Dieses Prinzip greift auch bei anderen Statussymbolen wie zum Beispiel Parkplätzen. Personalexperte Friederichs berichtet von einer Mitarbeiterin, die mit ihrem japanischen Kleinwagen in der Tiefgarage auf den für die Vorstände reservierten Parkplätzen parkte. »Wieso, da ist doch immer was frei«, sagte sie ganz nonchalant, als sie vom Pförtner darauf angesprochen wurde, dass das nicht gehe. Ein Beispiel mit Symbolcharakter dafür, wie fremd diese Zeichen von Macht auf Frauen wirken, und dass sie nicht bereit sind, sie zu respektieren.

Den **Dresscode** befolgen

Großen Wert legt Gail Evans auch auf das »richtige Trikot«. Sie rät, sich dem allgemeinen Business-Dresscode anzupassen. Mit Anzügen, die wie Uniformen sind, können Männer Macht und Kompetenz demonstrieren. Bei renommierten Unternehmensberatungen, die sich bei ihren Kunden oft im innersten Machtzirkel aufhalten und Gespräche mit den Vorständen führen, sind etwa dunkle Anzüge Pflicht. Sie demonstrieren die Zugehörigkeit zur herrschenden, mächtigen (Wirtschafts-)Klasse. Teure Lederschuhe und Accessoires wie edle Füllfederhalter oder Uhren vervollständigen den »mächtigen« Eindruck. Bei Frauen ist das Spektrum der Möglichkeiten größer. Das lässt mehr Kreativität bei der Auswahl der Kleidung zu, birgt aber auch ein gewisses Risiko. Mit dezenter Kleidung können Frauen nicht viel falsch machen. Aber unter Umständen wirken sie so langweilig und können keine Punkte sammeln. Mit Hosenanzügen können Frauen ihren Anspruch auf Gleichbehandlung unterstreichen, laufen jedoch Gefahr, von ihren Gesprächspartnern dadurch als zu männlich eingeschätzt zu werden und damit einen Teil ihrer Glaubwürdigkeit einzubüßen. Bei zu weiter Kleidung, so warnt Evans, könne der Eindruck entstehen, die Frau wolle sich verstecken, was die Assoziationen von Unsicherheit und mangelnder Präsenz hervorbringen kann. Sehr figurbetonte Kleidung hingegen kann die Außenseiterrolle von Frauen unterstreichen, weil sie auf die erotisch-sexuelle Ebene verweist und damit signalisiert, dass die Frau nicht zum (Arbeits-)Team gehört. Auch wenn es simpel klingen mag: Allen strategischen Gedanken zum Trotz sollte man sich in seiner Kleidung auf jeden Fall wohl fühlen, sonst ist sie definitiv die falsche.

Katja Mohrhusen ist davon überzeugt: »Sich gut stylen und sich vernünftig anziehen, ist außerordentlich wichtig.« Die 32-jährige Abteilungsleiterin bei einem Telekommunikationsunternehmen trägt bewusst immer Businesslook. »Aber nicht nur graue Hosenanzüge, auch mal etwas Buntes und Röcke – dann aber immer knielang, nie Miniröcke.«

Bei wichtigen Terminen ist sie immer besonders gut angezogen. Auch am Casual Friday, bei dem üblicherweise alle etwas legerer ins Büro kommen, achtet Katja Mohrhusen darauf, dass sie, wenn eventuell ungeplante Besprechungen zustande kommen könnten, lieber keine Jeans trägt. Bei beruflichen Abendessen zieht sie sich absichtlich immer einen Tick eleganter an. Sie hat beobachtet, dass es Frauen gibt, die für diese Nuancen wenig Gespür an den Tag legen: »Aber alle Frauen, die ich kenne, die dabei sind, Karriere zu machen, machen das Spiel mit.«

3. VERANTWORTUNG FÜR NEUE AUFGABEN IST ATTRAKTIV

Für Männer ist es im Job meist selbstverständlich, Verantwortung für die Sache zu übernehmen und zu überlegen, wie sie diese Verantwortung noch ausbauen können. So denken sie etwa darüber nach, wo sie und ihre Organisation in fünf Jahren stehen sollen und wollen, und was sie dann machen. Sie übernehmen Verantwortung für einmal übernommene Aufgaben und für sich selbst. Sie wollen nicht Spielball und »Everybody's Darling« sein. Sie sehen das Leben als Wettstreit mit der Natur und anderen Männern. Für Frauen ist es ein Kampf um den Erhalt ihrer Beziehungen.

Unabhängigkeit und ihre individuelle Leistung sowie deren Bewertung durch andere, zählt für Männer in besonderem Maße, Frauen dagegen legen mehr Wert auf die Harmonie in der Gruppe. Da Frauen die Welt unter dem Aspekt der Verbundenheit betrachten, fürchten sie die Isolation. Männer dagegen schätzen Autonomie, sie fürchten die Intimität und die damit verbundenen Abhängigkeiten. Außerdem haben sie Probleme mit Situationen, in denen sie noch andere Meinungen als ihre eigene berücksichtigen müssen. Frauen hingegen tun sich schwer in Momenten, in denen schnelle Entscheidungen gefordert sind, da sie glauben, dass sie nicht allein handeln können und sollten.

Der Unterschied im Übernehmen von Verantwortung liegt darin, dass Männer Verantwortung für die Sache übernehmen, Frauen hingegen für die beteiligten Personen. Das bestätigt die Forschungsarbeit von Nathali Klingen: »Bei den männlichen Führern besteht, unabhängig von den Führungsbedingungen, ein deutlicher Zusammenhang zwischen der tatsächlich erreichten Leistung der Gruppe und der Ergebniszufriedenheit, bei den weiblichen Führern nicht. Bei den weiblichen Führern trägt hingegen der Aspekt ›Stimmung in der Gruppe‹ wesentlich zur Ergebniszufriedenheit bei, was bei den männlichen Führern nicht der Fall ist. Dies bestätigt die These, dass für männliche Führer – zumindest bei zeitlich stark begrenzten Aufgaben – der Leistungsaspekt im Vordergrund steht, während für weibliche Führer neben der Leistungsdimension noch weitere Aspekte, beispielsweise die Beziehungsdimension, wichtig für die letztendliche Zufriedenheit sind.« Diese Haltung hat für die von Frauen geführten Teams Vorteile – etwa ein gutes Arbeitsklima –, die Teamleiterinnen sollten sich allerdings selbst überprüfen, ob sie auch genug Verantwortung für die Leistung und die jeweilige Sache übernehmen. Aber Vorsicht: Viele Menschen, die nicht selbst für ihre Anliegen kämpfen wollen, sind sehr geschickt darin, teamorientierte Führungspersonen für ihre Zwecke einzuspannen. Viele Frauen, die sich zum Sprachrohr für Teamprobleme machen (lassen), müssen feststellen, dass sie am Ende die einzigen sind, die das Anliegen noch lauthals vertreten und damit unangenehm auffallen, während die anderen längst sang- und klanglos wieder zur Tagesordnung übergegangen sind. Die andere Gefahr, die in dieser Haltung steckt, ist, dass sie nach außen signalisiert: Die Menschen kommen vor dem Unternehmen. So kann die Tatsache, als Betriebsrat Verantwortung zu übernehmen, karriereschädlich sein. Sich für andere zu engagieren ist schön und gut. Betriebsräte haben eine wichtige Funktion im Arbeitsleben. Aber Sie sollten sich gut überlegen, wofür Sie wirklich Verantwortung übernehmen wollen. Für die anderen Kollegen? Oder für die eigene Karriere? Völlig in Ordnung, wenn Sie für mehr Gerechtigkeit am Arbeitsplatz kämpfen, aber wundern Sie sich nicht, wenn Sie von da an nicht mehr weiterkommen und plötzlich das ach so interessante Projekt doch nicht leiten dürfen.

Bedenken Sie immer, dass Ihre Vorstellung von der Qualität einer persönlichen Beziehung nicht unbedingt mit den Prioritäten des männlichen Teils der Arbeitswelt übereinstimmt. So bemühte sich eine angestellte Steuerberaterin in einer Steuerkanzlei mit aller Kraft, zwei verfeindete Partner dieser Kanzlei wieder miteinander zu versöhnen. Für ihre Kunden hatte sie kaum mehr Zeit. »Trotzdem, das ist doch wichtig, sonst geht es doch der Firma nicht gut«, sagte sie auf die Frage, ob nicht ihr Engagement für ihre Kunden leide. »Und wofür werden Sie bezahlt?«, fragt die Trainerin Sabine Asgodom, die viele Frauen coacht, in solchen Fällen ihre Klientinnen. Diese Frage ist sehr hilfreich, um sich von unangebrachten Muttergefühlen zu verabschieden und sich auf die eigentliche Aufgabe zu konzentrieren.

Beim Übernehmen der Verantwortung für eine Aufgabe wird oft erst klar, worin der Knackpunkt liegt. Die Münchner Trainerin Christiane Gerlacher hat bei ihren Coaching-Gesprächen festgestellt: »Frauen haben oft vor der Komplexität einer Aufgabe Angst, weil sie nicht wissen, wie sie sich bei Schwierigkeiten abgrenzen sollen.« Überlegen Sie, ob das auch auf Sie zutrifft.

Praxis

- Wie sieht der innere Film aus, der bei Ihnen abläuft, wenn Sie ein größeres Projekt oder eine neue Aufgabe übernehmen sollen?
- Meldet sich ein innerer Kritiker oder Ihre innere Kritikerin mit starken Bedenken nach dem Motto »Das schaffst du doch sowieso nicht?«
- Haben Sie bei dem Gedanken an mehr Verantwortung sofort die unangenehme Vorstellung, sich dann in einer Sandwichposition zu befinden, bei der Sie in der Mitte eingekeilt sind?
- Haben Sie Angst davor, dass andere neidisch werden und meinen, sie hätten viel eher verdient, die Verantwortung zu übernehmen?
- Fürchten Sie sich davor, dass Sie Fehler Ihrer Mitarbeiter oder Kollegen kritisieren müssten, wenn Sie mehr Verantwortung übernehmen?
- Verantwortung zu übernehmen heißt auch, sich Konflikten zu stellen. Trauen Sie sich Dinge eskalieren zu lassen, ohne sich davon abhängig zu machen, es allen recht zu machen?

Mit allen und jedem in Harmonie zu leben, ist für Frauen einer der wichtigsten Werte überhaupt. Das gilt selbst für gestandene Managerinnen, die wissen, dass ihnen diese Haltung das Leben oft schwer macht, sich aber trotzdem nicht von diesem tief innerlich verankerten Programm lösen können. Dabei gibt es auf der anderen Seite auch viel zu gewinnen. Gerlachers Erfahrung: »Frauen übersehen oft, dass gerade bei Reibung untereinander Kontakt zustande kommt und dass das zu Respekt auf der professionellen Ebene führt.«

Stärke der Frauen: Verantwortung für die Organisation übernehmen

Frauen haben eine hohe Kompetenz bei der Lösung von Organisationsaufgaben und sind darin Männern deutlich überlegen. Schon immer kümmerten sich Frauen ums Herdfeuer, hatten ein Auge auf ihren Kindern, besserten die Kleidung aus, unterhielten sich über die wichtigsten Neuigkeiten in der Kleingruppe – und das alles gleichzeitig. Es scheint, als ob das jahrtausendelange Training seit der Steinzeit in Multi-tasking seine Wirkung zeigt. Diese Kompetenz müssen Frauen, wenn es um die Übernahme von Verantwortung geht, bereits im Vorfeld sichtbar machen. Spielen Sie diese weibliche Stärke aus und bringen Sie sie auch in den Formulierungen zum Ausdruck: »Ich würde dieses Projekt organisatorisch wie folgt angehen ...« Zeigen Sie Ihren Vorgesetzten durch die Übernahme organisatorischer Aufgaben, dass Frauen besser und schneller organisieren und Projekte reibungsloser und ergebnisorientierter in die Tat umsetzen können.

Überprüfen Sie die Hindernisse auf dem Weg zu mehr Verantwortung

Sie brauchen keine tief gehende Psychoanalyse zu machen, aber ein bisschen Überlegung, wie Ihre innere Struktur aussieht, ist sehr hilfreich, um einen neuen Umgang mit dem Thema »Verantwortung« zu finden.

Praxis

Überlegen Sie, was Sie in der Kindheit geprägt hat. Was davon schleppen Sie eventuell heute noch als Ballast herum, obwohl es längst überholt ist? Gehört dazu vielleicht auch die Vorstellung, dass beruflich erfolgreiche Frauen unweiblich wirken und es schwer haben, einen Partner zu finden?

Sich diese und andere Hindernisse bewusst zu machen, bedeutet Klarheit über die eigenen Stärken zu gewinnen und darüber, was einen beim Übernehmen von Verantwortung stützt.

Um sich über die eigenen Einstellungen klar zu werden, ist oft eine Fantasiereise ein gutes Mittel. Christiane Gerlacher setzt sie bei ihren Seminaren auch zum Thema »Führung« ein. Noch einmal kurz zur Erinnerung. So funktioniert's: Am besten, Sie bitten eine Freundin, die Reise mit Ihnen gemeinsam zu unternehmen und Ihnen die Fragen vorzulesen. Es ist wichtig, dass die Pausen zwischen den einzelnen Fragen lang genug sind, damit bei Ihnen nach und nach dazu Bilder auftauchen können. Rechnen Sie mit einer halben Stunde für die Reise.

Fantasiereise zum Thema »Führung«

Schließe die Augen.
Atme so lange aus, bis der Atem einsetzt.
Konzentriere dich auf deinen Atem und den Rhythmus.
Spüre deine Füße auf dem Boden.

Deine Gedanken kommen und gehen.
Du hörst die Geräusche von außen, diese haben keine Bedeutung für dich.
Geh jetzt zurück ins Schulalter:

- Wo habe ich zu dieser Zeit gelebt?
- Wer war kontinuierlich um mich herum?
- Wer war täglich, häufig, selten bei mir?

Schaue dir die Personen an.

- Wie sind diese verschiedenen Autoritätspersonen mit mir umgegangen?
- Gab es Raum für meine eigene Meinung?
- Wurde auf meine Wünsche eingegangen?
- Gab es die Möglichkeit, mit Autoritätspersonen zu verhandeln?
- In welchen Situationen habe ich mich durch das Verhalten der Autoritätspersonen wertgeschätzt gefühlt?
- Wie konnte man mich für eine Sache begeistern, mich motivieren und überzeugen?
- Wann habe ich freiwillig sogar noch mehr getan, als von mir verlangt wurde?
- Wodurch habe ich mich von den wichtigen Personen in meinem Schulalter abgewertet, nicht ausreichend anerkannt oder missverstanden gefühlt?
- Was habe ich in diesen Situationen über mich und die anderen gedacht?
- Welche Körperreaktionen hatte ich?
- Durch welche Verhaltensweisen wurde ich ängstlich, traurig oder ärgerlich?
- Welche Möglichkeiten habe ich als Kind wahrgenommen, um Widerstand zu leisten?
- Offen oder verdeckt?

Spüre jetzt wieder deinen Atem.
Komm langsam zurück.
Strecke dich.
Schüttele deine Arme und Beine.
Öffne deine Augen wieder.

Formulieren Sie Ihre **Glaubenssätze** neu

Was hindert Sie, Verantwortung zu übernehmen? Werden Sie sich über Ihre inneren Konflikte klar. Gibt es alte Glaubenssätze aus Ihrer Kindheit, die verhindern, dass Sie Verantwortung übernehmen? Zum Beispiel der Satz »Ich kann mich nicht durchsetzen«? Ersetzen Sie solche Sätze durch sinnvolle und Ihnen angemessene, realistische neue Glaubenssätze, etwa »Ich kann mich weiterentwickeln und lernen, mich durchzusetzen.« Verantwortung für sich selbst zu übernehmen heißt, anstatt in einer Art Automatismus den jahrzehntelang einstudierten und verinnerlichten Glaubenssatz »Ich kann mich nicht durchsetzen« mechanisch vor sich her zu sagen, ihn zunächst dahingehend zu überprüfen, ob man für die neue Aufgabe tatsächlich nicht befähigt ist. Oder ob man vielleicht nur aufgrund eines schlechten Selbstbewusstseins davon überzeugt ist, man sei es nicht.

Katja Wengel, Coach und Trainerin in Frankfurt, hat festgestellt, dass Frauen ihr eigenes Bild oft nicht sehr differenziert sehen. So sagte ihr zum Beispiel eine begabte Frau im Coachinggespräch: »Ich bin nicht intelligent und nicht intellektuell.« Wengel fände es hilfreich, wenn im Sinne eines inneren Teams, das aus verschiedenen Mitspielern besteht, sich dann auch andere ermutigende Stimmen einschalten würden, die etwa sagen könnten: »Das stimmt doch gar nicht« oder »Das kann man doch auch anders sehen«. Wengel arbeitet dann daran, diese alte Identität zu verabschieden und eine neue zu gestalten, zum Beispiel mit dem Satz: »Ich liebe es zu organisieren und ich muss darin nicht die Beste sein«. So versucht sie gemeinsam mit der Klientin, die Aussage zu relativieren und in einen größeren Zusammenhang zu stellen und gleichzeitig die alte Identität mit einem Ritual zu verabschieden. Überlegen Sie, wo Ihre Stärken liegen und füllen Sie den Satz für sich selbst mit Inhalt. Das »und« dabei ist wichtig, damit es beide Teile der Aussage auf positive Art und Weise miteinander verbindet. Mögliche andere, neue Glaubenssätze könnten sein:

- »Es reicht, wenn ich alles 95-prozentig erledige.«
- »Ich werde es mir recht machen.«
- »Meine Meinung ist es wert, gehört zu werden.«

Ihr ganz persönlicher Glaubenssatz kann auch ganz anders aussehen. Wichtig ist nur, dass er positiv formuliert ist und für Sie der richtige ist.

Überprüfen Sie, was Sie **antreibt**

Um Führungspositionen zu übernehmen, ist es wichtig, zur eigenen Verantwortung und zu den eigenen Entscheidungen zu stehen. Dazu gehört Selbstsicherheit und ein gewisses Selbstbewusstsein, nämlich zu wissen, dass man schon die richtigen Entscheidungen treffen wird. Und, dass man, wenn man einen Fehler macht, dadurch noch nicht zur völlig inkompetenten Person wird. Klingt banal, ist aber eine Haltung, die nicht selten unter Frauen anzutreffen ist. Statt dessen zeigen sie oft eine Art »Überverantwortung«. Frauen, die von der Vorstellung »Sei perfekt« angetrieben werden, sind oft die Klientinnen von Trainerin Wengel. »Einen Fehler verzeihen sich viele Frauen nicht. Das sind Frauen, die keinen Freiraum lassen, denen nie etwas gut genug ist, bei sich selbst nicht und bei anderen auch nicht.« Diese Frauen denken immer: »Bald kommt raus, dass ich doch eine Niete bin. Meine bisherigen Erfolge zählen nicht, da habe ich halt Glück gehabt.« Finden Sie sich in dieser Haltung wieder?

Managerin Lydia Lux-Schmitt hat ein probates Mittel gegen »Überverantwortung«. Sie empfiehlt nachzufragen und im ständigen Gespräch mit dem eigenen Vorgesetzten zu bleiben: »Welche Erwartungen setzen Sie in mich? In welchem Zeitraum soll ich die erfüllen? Wie sind die Spielregeln?« Der kurze Draht sichert ab und bewahrt Frauen vor übertriebenem Perfektionismus. »Wir sollten uns nicht immer für alles verantwortlich fühlen. Fehler gehören zum Business«, sagt Lydia Lux-Schmitt.

Erfolg und Partnerwahl

Stellen Sie sich die Frage, ob es in Ihrem Weltbild tatsächlich in Ordnung ist, wenn Frauen erfolgreich sind, eventuell sogar erfolgreicher als ihr Partner. Oder ob Sie unbewusst vielleicht die Vorstellung haben, dass es für erfolgreiche Frauen sehr schwer ist, einen Partner zu finden. Der Wirtschaftspsychologe Professor Wottawa ist überzeugt: »Vor allem für junge Mädchen ist das ein großes Problem. Sie gehen davon aus, dass sie sich unbeliebt machen, wenn sie zeigen, dass sie Verantwortung übernehmen und führen können.« Durch den Erfolg steigt die Frau im Status und hat dadurch – im Sinne der Steinzeitlogik gedacht – weniger potenzielle Partner zur Verfügung, da für sie dann nur noch das ranghöchste »Männchen« am attraktivsten ist.

Während Männer hingegen– nach Steinzeitlogik – versuchen, ihre Gene möglichst breit zu streuen und eine Vielzahl auch statusniedrigerer Partnerinnen für sie in Betracht kommen.

Wie Frauen das **Prinzip Verantwortung** clever nutzen

Machen Sie sich klar, dass Sie auf Ihre Beziehungsorientierung nicht verzichten brauchen, aber dass Erfolg im Job immer auch mit Verantwortung für die Sache verknüpft ist. Stärken Sie sich mental und gefühlsmäßig darin, diese Verantwortung zu übernehmen.

Holen Sie sich die Unterstützung, die Sie brauchen, um Verantwortung übernehmen zu können. Trainieren Sie selbstverantwortlich, Ihren Verantwortungsbereich langsam auszubauen. Dazu gibt es verschiedene Möglichkeiten, die Liste ist unendlich. Hier ein paar Anregungen, die Sie sofort, völlig unabhängig von Beförderungen und Entscheidungen anderer, sofort in die Tat umsetzen können:

Selbst entscheiden

Üben Sie bei Kleinigkeiten, die Entscheidung bewusst selbst zu treffen – ohne sich bei Ihren Vorgesetzten rückzuversichern. Voraussetzung ist natürlich, dass die Chefin oder der Chef nicht genau in dieser Frage erwartet, gefragt zu werden. Aber normalerweise hat man ein verlässliches Gespür dafür, bei welchen Dingen man fragen muss und bei welchen man fragen kann. Die Übung hilft in zweierlei Hinsicht: Sollten Sie falsch entschieden haben, können Sie üben, damit zu leben, einen Fehler gemacht zu haben – der ja nur ein kleiner Fehler ist, weil es nur um ein Detail geht. Ist die Entscheidung richtig, genießen Sie es, dass Sie die Verantwortung übernommen haben und dass Sie allein richtig entschieden haben.

Projekte übernehmen

Melden Sie sich für ein zusätzliches Projekt. Damit können Sie nicht nur Engagement zeigen und sich profilieren, sondern Sie können üben, in der Sache Verantwortung zu übernehmen – ohne gleich die Position wechseln zu müssen. Wenn Sie zögern, ob Sie sich das zutrauen können, machen Sie eine gezielte Fortbildung in Projektmanagement.

Verantwortung in Netzwerken übernehmen

Engagieren Sie sich, übernehmen Sie Verantwortung in Frauennetzwerken. Sie profitieren davon mindestens so viel wie das Netzwerk. Da die Arbeit ehrenamtlich und freiwillig ist, freuen sich alle, wenn sie jemand übernimmt. In einem Frauennetzwerk wollen sich die Frauen gegenseitig unterstützen. Auch wenn es einmal zu Konflikten oder Konkurrenzsituationen kommen kann, gegenseitige Wertschätzung ist die Basis im Netzwerk. Sie können also unter besten Bedingungen üben: ohne das existenzielle Risiko, das im Job vorhanden ist und mit Sicherheitsnetz.

Ehrenamtlich engagieren

Es muss nicht unbedingt ein Frauennetzwerk sein. Die Möglichkeiten, Verantwortung zu übernehmen, sind unendlich. Sie können sich beispielsweise genauso gut in den Vorstand des Elternbeirats wählen lassen, der sich um die Mittagsbetreuung Ihres Schulkindes kümmert. Auch dort geht es um Entscheidungen, wie bestimmte Abläufe organisiert werden sollen und natürlich auch darum, wie die Eltern mit ihren unterschiedlichen Vorstellungen mit den beauftragten Erzieherinnen klar kommen. Und wenn es Probleme gibt, muss der Vorstand entscheiden, wie reagiert wird. »Das kann einem schon mal schlaflose Nächte einbringen«, sagt die 42-jährige Marketingassistentin Lisa Creifeld. »Aber ich lerne wahnsinnig viel dabei.«

> **Tipp**
>
> **Unabhängig von einem neuen Job: Her mit der Verantwortung!**
>
> - Entscheiden Sie selbst bei Details.
> - Übernehmen Sie Projekte.
> - Bestimmen Sie mit in Frauennetzwerken.
> - Engagieren Sie sich ehrenamtlich.

4. MÄNNER HABEN MUT ZUM RISIKO

Um mehr Verantwortung zu übernehmen, testen Männer ständig Grenzen aus, wollen ihren Spielraum erweitern. Nach dem Spiel ist vor dem Spiel. Nach einem Misserfolg probieren sie es einfach noch einmal nach dem Motto: »Neues Spiel, neues Glück!« Dieses Prinzip gilt im Fußball genauso wie in der Jobwelt. Mit dem Gedanken des

Spiels eng verknüpft ist die Vorstellung, dabei ein Risiko einzugehen. Wenn man vorher genau wüsste, wie etwas ausgeht, wäre es ja schließlich kein Spiel. Wer spielt, geht immer ein Risiko ein. Man kann gewinnen oder verlieren. Natürlich wird man alles dransetzen, die Spielregeln so gut zu beherrschen, dass man gewinnt. Aber man weiß nie, wie die Karten gemischt sind. Auch bei Spielen wie Schach kommt immer ein Rest Unwägbarkeit hinzu. Und auch da kann man auf Dauer nur besser werden, wenn man bereit ist, gegen bessere Spieler anzutreten und gegen sie zu verlieren. Oft weiß man vorher nicht, wie gut der Gegner/Mitspieler ist. Die Autorin Linda Austin weist darauf hin, dass bereits kleine Jungen lernen, Niederlagen als Teil eines fairen Spiels hinzunehmen. Männer geben sich große Mühe, wie ein Mann zu verlieren.

Dass es zwischen der Sorge ums Überleben während der Steinzeit und dem Verhalten im modernen Wirtschaftsalltag einen Zusammenhang gibt, vermutet Wirtschaftspsychologe Wottawa. Um damals als Jäger zu überleben, sei für die Männer vor der Jagd Planung, Training und Simulation sowie das »Heiß reden« zum Angstabbau nötig gewesen. Misserfolge wurden nach der Jagd auf äußere Umstände geschoben, damit man bei der nächsten Jagd wieder auf Erfolg hoffen konnte. Das Prahlen diente zur Sicherung der hohen Zielsetzung für die nächste Jagd – Wottawa spricht hier von »High Performance Circle« und »Commitment«. Wie ein Mann verlieren bedeutet nach wie vor, das nicht als persönliche Niederlage zu werten. Diese Haltung führt bei Männern im Job dazu, Misserfolge weniger eigenem Unvermögen als äußeren Einflüssen zuzuschreiben. Sie verdrängen unangenehme Begebenheiten und betrachten sie als Provokation von außen. Die Reaktion darauf besteht weniger in Angst und Zweifeln, sondern vielmehr in Ärger und Aggression. Männer neigen deshalb eher dazu, Risiken einzugehen, weil sie durch diese Strategie leichter mit Niederlagen umgehen können. Leider machen Frauen das Gegenteil und geraten bei der Suche nach Ursachen leicht in einen Teufelskreis aus Selbstzweifeln. Da sie ihren Misserfolg eigenen Fehlern zuschreiben, ist ihre Misserfolgstoleranz niedriger als bei Männern. Und da sie Angst haben, Fehler zu machen, drängen sie bei Job-Opportunities nicht nach vorn und wehren eher noch ab, wenn sie ihnen angeboten werden. Erschwerend kommt hinzu, dass sie oft kein Bewusstsein für ihre Stärken haben – etwa für ihr Organisationstalent, ihr Geschick, mit Menschen umzugehen, oder ihre Fähigkeit, den Überblick zu behalten. Doch die geringere Risikobereitschaft von Frauen zeigt sich nicht nur darin, dass sie zögernder neue Aufgaben annehmen, weil sie sich dafür nicht fit fühlen, sondern auch im alltäglichen Jobleben. So fällt es ihnen zum Beispiel schwerer, nicht hundertprozentig abgesicherte Entscheidungen zu fällen. Frauen haben oft den Anspruch, es 150-prozentig zu machen, Männern reichen dagegen meist 70 bis 80 Prozent.

So sagt die Managerin Silke Bohnstedt-Wieland von sich selbst, dass sie zwar grundsätzlich Mut zum Risiko hat und beispielsweise bereit ist, etwas Neues zu übernehmen und neue Abteilungen aufzubauen. Trotzdem merkt sie, dass ihr der Mut zum Risiko fehlt, wenn es darum geht, Entscheidungen zu treffen. Sie möchte immer zuerst alle Infos abwägen. Wenn sie zum Beispiel jemanden aus einem Projektteam herausnehmen muss, überlegt sie genau, was das für die Finanzen bedeutet, und bespricht ausführlich, wie das beste Vorgehen aussehen könnte. Sie überlegt, wie sie es dem Mitarbeiter so vermittelt, dass es ihm dabei gut geht. Wie alles hat auch dieses Vorgehen zwei Seiten: Die Entscheidung kann zwar nicht sofort erfolgen, ist dafür aber abgesichert. Doch wenn man Mut zum Risiko entwickeln will, sollte man sich überlegen, ob man diese Absicherung tatsächlich braucht. Vielleicht hängt das Bedürfnis danach auch mit einer ganzheitlicheren Sichtweise bei Frauen zusammen. Sie versuchen, die Entscheidung mit all ihren langfristigen Konsequenzen zu sehen. Die Chance dieser Vorgehensweise liegt in der großen Umsicht, die Gefahr dagegen besteht darin, wertvolle Zeit zu verlieren und handlungsunfähig zu werden, weil man sich vor dem Eintreten dieser Konsequenzen scheut. Und dabei wird oft übersehen, dass die Entscheidungen nur für die nahe Zukunft getroffen werden müssen.

Hilfreich ist es, sich noch einmal die Unterschiede zwischen männlichem »Jagdverhalten« und weiblichem »Sammelverhalten« deutlich zu machen. Männer verfolgen ein Ziel, egal ob es das Risiko in sich birgt, dass ihre Füße blutig werden. Das Ziel muss erreicht werden. Dann folgt ein kurzer Glücksmoment: sich kurz als Held zu fühlen und zu feiern, aber dann kommt das nächste Ziel. Frauen neigen eher zu einer Hege- und Pflegementalität. Sie züchten und haben den langfristigen Erfolg im Auge, dass die Saat aufgeht. Wem das zu simpel und banal vorkommt, kann einfach mal sich selbst im Alltagsjob beobachten: Gibt es Situationen, in denen Sie langen Atem beweisen, investieren, Mitarbeiter halten, etwas aufbauen wollen, während männliche Vorgesetzte vorrangig an den Erfolg im nächsten Quartal denken? Die »nachhaltige« Sichtweise der Frauen ist sicher zukunftsweisend und Erfolg versprechend. Aber manchmal ist es in der Tat so, dass die Wirtschaft so funktioniert, dass erst einmal Erfolge zu sehen sein müssen. Sicher werden viele Männer in Zukunft in Seminaren beigebracht bekommen, weiblicher zu denken und langfristiger die Folgen ihres beruflichen Tuns abzuschätzen. Für die Performance von Frauen ist es empfehlenswert, auch kurzfristige Erfolge im Fokus zu haben.

Tipp
So nutzen Sie das Prinzip »Risiko« richtig

Auch wenn es Ihnen fremd ist, im Job Risiken einzugehen, können Sie es lernen. Am besten step by step in Ihrem ganz persönlichen Trainingscamp. Stellen Sie sich einen Trainingsplan mit Hilfe folgender Fragen zusammen:

- Was hat Ihnen in der Vergangenheit dabei geholfen, im Job Risiken einzugehen?
- Welche Art von Unterstützung brauchen Sie noch, damit Sie im Job Risiken eingehen können?
- Was könnten Ihre persönlichen Miniaufgaben sein, bei denen Sie trainieren, Risiken einzugehen?

Für Ihren Trainingsplan finden Sie im Folgenden weitere Anregungen.

1. Spielfreude trainieren

Wie nützlich es ist, den Spielgedanken konsequent anzuwenden und risikofreudiger zu werden, zeigt das Beispiel einer 29-jährigen freiberuflichen Printjournalistin:

> Claudia Meier hat gelernt, es nicht mehr persönlich zu nehmen, wenn sie einen Auftrag mal nicht bekommt. »Die Akquisition, also das Anbieten von Themen bei Redaktionen, ist der Teil des Jobs, den ich am Anfang am unangenehmsten fand. Ich hatte häufig das Gefühl, in der Situation einer Bittstellerin und stark abhängig zu sein von dem, was

andere entscheiden. Auf ausformulierte Themenvorschläge nicht innerhalb kürzester Zeit ein Feedback zu bekommen, habe ich als besonders schlimm erlebt. Ich saß dann wie auf heißen Kohlen, starrte auf mein Telefon und checkte immer wieder meinen Mailaccount. Kam dann tatsächlich eine Absage, war ich wie am Boden zerstört. Eine erfahrenere Journalistin, meine Mentorin, gab mir den Rat, mit der Situation spielerischer umzugehen. Das heißt, beim Anbieten von Themen das Ganze wie ein Spiel zu betrachten, bei dem der Ball locker hin und her geworfen wird. Klingt banal, war aber für mich sehr wichtig. Dadurch hörte ich auf, jede Ab- oder Zusage immer gleich persönlich zu nehmen. Ein weiterer Effekt war, dass ich die Zahl und damit auch den Zeitaufwand für Themenvorschläge erhöhte, weil ich mir die potenzielle Gefahr einer Absage nicht mehr so zu Herzen nahm. Die Folge: Ich bekam mehr Aufträge und konnte mehr Beiträge unterbringen. Das Risiko, Geschichten anzubieten, auch auf die Gefahr hin, dass sie abgelehnt werden, lohnt sich für mich auch noch aus einem anderen Grund. Vom Anbieten geht ein wichtiges Signal aus: Bei den meisten Auftraggebern gelten gute und sinnvolle Vorschläge als eine Art Visitenkarte für die eigene Arbeit. Auch wenn gerade kein Platz ist, bleibt trotzdem der Eindruck, die kümmert sich um ihr Gebiet, hat die wichtigen Termine im Blick und so weiter … und dann kommt hin und wieder auch ein Auftrag von der Redaktion – sogar ohne dass man das entsprechende Thema angeboten hat.«

Dieses Beispiel lässt sich auch auf andere Jobsituationen übertragen. Egal, ob als Selbstständige oder als Festangestellte: Wenn Sie das Risiko eingehen, Ihre Arbeitskraft anzubieten, zeigen Sie damit Einsatzbereitschaft – auf die die andere Seite auch zu einem beliebigen späteren Zeitpunkt zurückkommen kann. Wenn zum Beispiel bei der nächsten Situation doch jemand anders befördert wird, wissen Ihre Vorgesetzten zumindest, dass Sie sich für neue Aufgaben interessieren. Wenn Sie das Risiko eingehen, sich mit einem Angebot aus dem Fenster zu lehnen, vermitteln Sie damit, dass Sie sich zutrauen, die Aufgabe grundsätzlich übernehmen zu können.

2. Jasagen trainieren

Mit Ja Sagen trainieren ist nicht gemeint, als weiblicher Depp vom Dienst zu allen Fleißaufgaben sofort »Ja« zu sagen und sie bedenkenlos zu übernehmen. In dieser Hinsicht sind Frauen bereits übertrainiert. Nein, es geht um die Aufgaben, die mit Verantwortung verbunden sind und die Möglichkeit der Profilierung bieten. Wenn solche neuen Aufgaben zu vergeben sind, schreien Männer sofort »Hier«. Nach Ansicht des australischen Autorenduos Pease hatten sie in der Steinzeit auch nicht lange Zeit zu überlegen, ob sie das Mammut erlegen wollten oder nicht, wenn es vor ihnen auftauchte. Sofortiges Handeln war oberstes Gebot. Da wir heute nicht mehr unseren Unterhalt durch Jagen und Sammeln bestreiten, bieten sich für Frauen neue Möglichkeiten, mit diesem Muster umzugehen.

Eine sinnvolle Strategie ist es, grundsätzlich mit sich ins Reine zu kommen, dass auch ein eventuelles Scheitern keine existenzielle Katastrophe wäre und sich selbst vorzunehmen, erst einmal schnell »Ja« zu rufen. Und sich erst im Nachhinein im Einzelnen zu überlegen, wie man es hinbekommt. Wenn Ihnen das schwer fällt: Sagen Sie aus Risikofurcht keinesfalls sofort ab. Signalisieren Sie Interesse und sagen Sie, dass Sie darüber nachdenken möchten.

Zum »Jasagen« gehören Selbstbewusstsein und ein professionelles Selbstvertrauen, dass man den Dingen gewachsen ist. Weibliches Perfektionsstreben steht dem oft entgegen. Üben Sie, ein Gefühl für die eigenen Stärken zu bekommen, um Herausforderungen anzunehmen. Stellen Sie sich innerlich darauf ein und briefen Sie sich vorher, dass es Situationen gibt, in denen man einfach Ja sagen muss. In

Seminar-Situationen kann man das prima üben: Oft kann in der Gruppe nicht jeder bei jeder Aufgabe drankommen. Also: Nehmen Sie sich morgens schon vor, sich als Erste zu melden, wenn es die Möglichkeit gibt, bei einer Übung dranzukommen. Und machen Sie im Büro dann gleich mit kleinen Aufgaben weiter, bei denen Sie sofort »Ja« sagen, wenn sie Ihnen angetragen werden – so lange, bis es Ihnen selbstverständlich vorkommt. Wenn Sie die Aufgabe tatsächlich bekommen, helfen Ihnen gut funktionierende Kontakte in Netzwerken und gute Verbündete dabei, falls Sie tatsächlich Schwierigkeiten haben sollten, sie gut zu lösen.

Für Coach-Expertin Christiane Gerlacher ist es ein wichtiger Grund, dass Frauen sich oft allein fühlen und deshalb weniger als Männer bereit sind, Risiken einzugehen. Männer dagegen haben ihr Netz an Verbündeten und Fachleuten, ihre Netzwerke im Hinterkopf, wenn eine Anfrage kommt, und sie wissen, wen sie fragen können, wenn sie selbst nicht weiterwissen. Darüber zu lamentieren, hilft nicht weiter. Benchmarking ist angesagt: Bauen Sie Ihr eigenes Kontaktnetz mit wohl gesonnenen Männern und Frauen auf, die Sie unterstützen. Wie das geht? Dazu gibt's inzwischen jede Menge praxisorientierter Bücher und Workshops.

3. **Reden**
trainieren

Seien Sie mutig und riskieren Sie ein paar Worte. Trainieren Sie Ihren Mut zum Risiko, indem Sie sich auch in Männerrunden zu Wort melden. Seien Sie nicht zu selbstkritisch, wenn es nicht gleich klappt und Sie wieder in Ihre Schranken verwiesen werden, sondern probieren Sie es gleich wieder. Nur so bekommen Kollegen und Vorgesetzte Respekt vor Ihnen. Außerdem erhalten sie Informationen über Sie und wissen, mit wem sie es zu tun haben. So gewinnen Sie Profil und können langfristig Ihren Handlungsspielraum erweitern, weil man Sie dann im Blick hat, wenn jemand gesucht wird, der mehr Verantwortung übernehmen will.

4. Konflikt**bereitschaft** trainieren

Mut zum Risiko ist auch dann gefordert, wenn es zu Konflikten kommt. Denn bei Konflikten weiß man vorher nicht, wie sie ausgehen. So hatte zum Beispiel eine Vertriebsmitarbeiterin bei einer großen Versicherung Probleme mit dem neuen Regionalchef. Sie sollte unterschreiben, dass sie bestimmte Verkaufsziele in einem festgelegten Zeitraum erreichen würde. Sie sah allerdings große Schwierigkeiten, das auch erreichen zu können – nicht nur wegen ihrer eigenen Fähigkeiten, sondern auch aufgrund der schlechten Marktlage. Im Coaching bereitete sie eine offensive Strategie vor, dass sie bereit sei, auf die Ziele hinzuarbeiten, aber nichts unterschreiben würde. Sie sprach zunächst mit ihrem direkten Vorgesetzten: »Sie werden verstehen, dass ich nichts unterschreibe, was mir schaden könnte, das würden Sie sicher auch nicht tun.« Dadurch gewann sie ihn als Verbündeten. Dann sprach sie mit dem Regionalchef in Anwesenheit ihres Vorgesetzten und teilte ihm ebenfalls mit, dass sie nicht unterschreiben werde. Anschließend präsentierte sie super vorbereitet, wie sie ihre Ziele erreichen wollte. Das Ergebnis: Lob vom Regionalchef vor der versammelten Mannschaft: »Wer sich so durchsetzt, wird sich auch beim Kunden durchsetzen.« Sie hatte sich also Respekt auf sachlicher Ebene erarbeitet und hatte zudem den Konflikt, dass sie nicht unterschreiben würde, erfolgreich gelöst. Wichtig in einem solchen Fall ist es, vorher das Risiko abzuschätzen. Es war klar, dass das Gespräch die Position hätte kosten können – doch so, wie die Lage nun einmal war, wäre der Job sonst auch in Gefahr gewesen. Es gilt: Auch wenn die Jobsituation schwierig ist, stellen Sie sich ihr und klären Sie anstehende Konflikte nach eingehender Vorbereitung.

Achtung
vor diesen Risiken

Risiken eingehen, schön und gut. Aber Frauen sollten keine Risiken eingehen, derer sie sich gar nicht bewusst sind. Hüten Sie sich vor folgenden Risikofallen:

Zeitverlust durch Beziehungsorientierung

Bei Nathali Klingens Forschungen zum Führungsverhalten zeigte sich, dass die Gruppenleistung im Experiment bei männlichen Leitern höher lag als bei weiblichen. Den Grund vermutet Klingen darin, dass männliche Leiter verstärkt auf kurzfristige Leistungsziele hinarbeiten, weibliche Leiter hingegen auch den Beziehungsaspekt in der Gruppe mit beachten und dadurch in Zeitverlust geraten.

Machen Sie sich deshalb von Ihrer Beziehungsorientierung nicht zu abhängig. Wappnen Sie sich innerlich und nehmen Sie auch mal vorübergehend schlechte Stimmung im Team in Kauf, um ein Ziel zu erreichen.

Kein Himmelfahrtskommando übernehmen

Überlegen Sie bei einem tollen Job- oder Projektangebot genau, ob die Aufgabe tatsächlich interessant ist. Lassen Sie sich dabei kollegial beraten. So sind Sie davor geschützt, unabsichtlich in ein Himmelfahrtskommando einzusteigen, bei dem allen in Frage kommenden Männern intuitiv sofort klar war, dass sie aus strategischen Gründen davon besser die Finger lassen. Entscheiden Sie nicht in einer akuten

Stresssituation. Achten Sie auf Ihre Intuition, agieren Sie nicht gegen Ihr Bauchgefühl und holen Sie sich Rat von erfahrenen Kolleginnen und Kollegen.

Selbstständigkeit gründlich vorbereiten

Mut zum Risiko ist zwar auch für selbstständige Frauen wichtig, aber erst, wenn das Business läuft. Sich unvorbereitet, mit unüberlegten Geschäftsmodellen und riskantem finanziellen Engagement in die Selbstständigkeit zu wagen, ist Quatsch. Bei der Planung der Selbstständigkeit ist nicht Risikobewusstsein und der Wunsch, Dinge einfach mal auszuprobieren, gefragt, sondern ein guter Business-Plan.

Tipp

Auf einen Blick: Ihr Trainingsplan für mehr Mut zum Risiko

1. Spielfreude trainieren.
2. Jasagen trainieren.
3. Reden trainieren.
4. Konfliktbereitschaft trainieren.

5. JUNGS SPIELEN LIEBER MIT JUNGS

Viele Frauen, die in der Wirtschaft arbeiten, wissen, wie es sich anfühlt, nicht hundertprozentig dazuzugehören. Es ist wie auf einer Party, auf der man außer ein paar wenigen Leuten niemanden kennt. Wenn man als Frau im Arbeitsleben auf erwachsene Männer trifft, drängt sich der Eindruck auf: »Jungs spielen lieber mit Jungs. Wir bleiben lieber unter uns und Mädchen können draußen bleiben.« Nicht so verwunderlich: Von klein auf sind Jungs es gewöhnt, mit ihresgleichen zu spielen. Und zwar in Gruppen oder bei Mannschaftsspielen. Wenn sie im Job plötzlich einzelnen Frauen in verantwortlichen Positionen begegnen, haben sie kein Modell dafür, wie sie sich ihnen gegenüber verhalten sollen. Der Diplom-Psychologe Peter Friederichs weiß: »Frauen, die aufstiegsorientiert sind, sind für Männer besonders bedrohlich. Für sich selbst wissen sie, wie das Spiel läuft. Aber wie Frauen das machen, in diesem Spiel mitzuhalten, ist ihnen irgendwie nicht ganz erklärlich und damit nicht ganz geheuer.« Lieber halten sie sich an das Bewährte und spielen weiter mit Jungs.

Warum **Jungen** nicht mit **Mädchen** spielen

Parallel zur Entdeckung und Herausbildung der eigenen Geschlechtsidentität mit ungefähr drei Jahren beginnt die Bevorzugung gleichgeschlechtlicher Spielgefährten. Mädchen spielen am liebsten mit Mädchen, Jungen mit Jungen. Diese Entwicklung beginnt im Kindergarten und wird in der Schule noch offensichtlicher. Die Forschung hat interessanterweise herausgefunden, dass dieses Muster nicht auf das Diktat von Erwachsenen zurückzuführen ist, sondern die eigene Wahl der Kinder widerspiegelt. Es sieht so aus, als ob sich Jungen sehr deutlich über die Abgrenzung von Mädchen definieren. Sie lehnen das andere

Geschlecht und »weibliche« Aktivitäten ab und legen großen Wert darauf, nicht als mädchenhaft zu gelten. Entsprechende Spielsachen oder Aktivitäten sind tabu. Mädchen sind dagegen eher bereit, sich Jungenspielen anzuschließen, und ein Mädchen kann sich für männliche Aktivitäten und Spielgefährten interessieren, ohne von ihren Freundinnen abgelehnt zu werden. Umgekehrt gilt das nicht – die meisten Jungen werden von ihren Spielgefährten gehänselt, wenn sie sich an Mädchenspielen beteiligen. Zusätzlich grenzen sich Jungen stärker gegen die Erwachsenenwelt ab als Mädchen. Der Kontakt zur Mutter wird mit zunehmendem Alter seltener, und sie orientieren sich überwiegend an ihren Altersgenossen. Ungefähr ab dem Alter von sechs Jahren suchen Jungen Männlichkeit, zum Beispiel in Cliquen und in Ritualen. Ein Problem ist sicherlich die Nichtexistenz von männlichen Erziehern in Kindergärten und die mangelnde Bereitschaft von Erzieherinnen, sich mit den Interessen von Jungen auseinander zu setzen, sowie die Abwesenheit vieler Väter in ihren Familien. Doch ein wichtiger Grund der Abgrenzung vom Weiblichen, auf den die französische Philosophie-Professorin Elisabeth Badinter hinweist, liegt sicher auch darin, dass Mädchen beim Erwachsenwerden die weibliche Rolle ihrer Mutter auf sich übertragen können – selbst, wenn sie sie später anders für sich definieren. Jungen müssen sich dagegen von ihrer Mutter deutlich abgrenzen, um ihre Männerrolle zu entwickeln.

Bloß nicht anbiedern!

Männer sind anders, Frauen auch. Verändern Sie einmal den Blickwinkel und überlegen Sie, wie Sie selbst durch Herkunft, Geschlecht und bestimmte Erfahrungen geprägt sind. Wie beeinflusst Sie das? Was ist bei Ihnen anders als bei Vertretern der herrschenden Leitkultur? Wie sensibel sind Sie für die Unterschiedlichkeit anderer Menschen? Viel Erfahrung mit diesen Fragen hat Barbara Weißbach, Projektleiterin beim Dortmunder Institut für sozialwissenschaftliche Technikforschung, die bei Diversity-Trainings Unternehmen beibringt, die Verschiedenartigkeit und unterschiedliche Lebenssituationen ihrer Mitarbeiter stärker zu berücksichtigen. Sie empfiehlt folgende Übung:

Praxis

Legen Sie einen Reifen oder ein farbiges Band kreisförmig in die Mitte des Raumes auf den Boden. Legen Sie in den Kreis ein Foto, das die herrschende Leitkultur symbolisiert – zum Beispiel das Foto einer älteren, männlichen Führungskraft. Gruppieren Sie Fotos anderer Menschen (die Sie am einfachsten aus Zeitschriften ausschneiden) außerhalb des Kreises – je ähnlicher, desto näher am Kreisrand, je fremder, desto weiter außen. Was denken und fühlen Sie beim Betrachten dieses Bildes? Wie ändert sich das Bild, wenn im Zentrum (also als Leitfigur) beispielsweise ein türkischer Arbeiter liegt, ein Kind oder eine Frau? Welche Gedanken und Gefühle verbinden Sie mit dem neuen Bild?

Bei dieser Übung geht es darum, zu erkennen, wie wichtig Faktoren wie Geschlecht, Status und Alter sind, und wie man sich fühlt, wenn einem die Leitkultur fremder oder vertrauter ist.

Erkennen Sie die Verschiedenartigkeit an und stehen Sie zu sich, als Frau, die im Job etwas erreichen will. Versuchen Sie nicht, das »Weibchen« herauszukehren. Damit mögen Sie vielleicht auf die männlichen Kollegen attraktiv und erotisch anziehend wirken, ernst genommen werden Sie so aber nicht. Genauso wirken Sie mit überangepasstem männlichen Verhalten einfach nicht überzeugend. Seien Sie Sie selbst, verleugnen Sie Ihre Weiblichkeit nicht, verweisen Sie aber auch nicht ständig darauf.

Behalten Sie strategische Dinge im Auge und halten Sie Ausschau nach Männern, die bereit sind, mit Ihnen zu kooperieren. Besonders eignen sich hierfür: erfahrene Männer, die bereits Karriere gemacht haben und keinen so starken Konkurrenzdruck mehr verspüren, sondern sich eine Mentorenrolle leisten können. Und versuchen Sie, viele Frauen mit ins Boot zu holen und sobald wie möglich andere Frauen auf verantwortliche Posten nachzuholen. Natürlich solche, die das auch zu schätzen wissen. Dann können Sie sich gegenseitig unterstützen und die Mehrheitsverhältnisse langfristig ändern.

Wie Frauen das Jungsprinzip **clever** für sich **nutzen**

Bis es so weit ist, pflegen Sie im alltäglichen Büroleben kreativen Umgang mit dieser Spielregel. Die folgenden Punkte sind dabei besonders wichtig.

1. Sich selbst **einladen**

Achtung Falle: »Jungs spielen lieber mit Jungs« heißt nicht, dass sie keinesfalls mit Mädchen spielen. Frauen sollten nicht von sich aus vor der Tür bleiben, nur weil sie nicht aufgefordert werden. So ist das zwar unter Mädchen beim Mitspielen üblich, bei Jungs dagegen nimmt man einfach teil, wenn es einem keiner verwehrt.

> **Constanze Hartmann**, einer 31-jährigen Webdesignerin wurde das klar, als sie einen lockeren Branchentreff besuchte: »Als ich vor kurzem als › Novizin‹ bei einem Netzwerkabend war, saßen zu Anfang drei junge Männer – alle aus der IT Branche – um einen Tisch herum. Sie unterhielten sich über die › Systems‹ und ihre Vorbereitungen für die Messe. Ich hörte aufmerksam zu und warf fragende oder zustimmende Blicke, ohne je-

> doch direkt angesprochen zu werden, worauf ich die ganze Zeit wartete. Der ›Arbeitsgruppenleiter‹ fragte mich irgendwann, ob ich neu sei und was ich denn so mache. ›Jaja, sieht man schon, dass du Webdesign machst‹ (haha – eine Frau kann natürlich nicht programmieren …). Ich unterhielt mich dann mit einem neu Hinzugekommenen ausführlich über Projektarbeit. Mit dem Betreffenden war ich locker verabredet gewesen, weil ich einen Entwurf für seine Firma machen sollte. Im Nachhinein denke ich, ich hätte mich ruhig auch eher von selbst in das Gespräch einklinken können, ohne darauf zu warten, erst gefragt zu werden.«

Und wenn die Jungs tatsächlich einmal nicht begeistert sind, dass Sie auch mitspielen wollen, und Sie belächeln, dass Sie's ja sowieso nicht schaffen werden – Pech für die Jungs. Das fühlt sich zwar nicht gut an, aber das Belächeltwerden muss man souverän aushalten können, bis es eines Tages in Respekt umschlägt.

2. **Kommunikationsstil** bei Besprechungen

Frauen möchten zuerst eine persönliche Beziehung aufbauen, bevor sie zum Geschäftlichen übergehen. Sie plaudern deshalb gern über verschiedene Themen, oft auch auf persönlicher Ebene, um den anderen kennen zu lernen. Das entspricht in südlichen, aber auch in arabisch geprägten Ländern der herrschenden Kultur und ist dort sinnvolles Businessverhalten, um gute Geschäfte zu machen. Leider lässt sich das für den westlich geprägten Teil der Welt nicht sagen. Hier entspricht dieses Verhalten nicht der herrschenden Männerkultur. Zwar sind jüngere Männer persönlicher, aber verschätzen Sie sich nicht. Wie stark sich diese Gesprächskultur zwischen Männern und Frauen unterscheidet, zeigt sich daran, dass Männer nicht nur sehr wenig Persönliches über ihre Arbeitskollegen, sondern auch über Bekannte, manchmal sogar ihre Freunde oder Familienmitglieder wissen. Im Job zählt die Sache, Persönliches bleibt außen vor. Das gilt auch für die Gesprächsatmosphäre. Ein ehemaliger Bereichsleiter eines Elektrokonzerns erzählt, dass immer nur Frauen und niemals Männer mit einer Kaffeetasse in der Hand zu ihm ins Büro gekommen seien. Dieses »Jetzt machen wir uns das schön gemütlich« bekäme dann so etwas von Kaffeekränzchen und das gehöre nicht ins Büro.

Dass für Männer die Schmerzgrenze bei privaten/persönlichen Gesprächen relativ niedrig liegt, hat auch Ulrike Quirmbach mit zunehmender Berufserfahrung gelernt. Inzwischen arbeitet die 33-jährige Ingenieurin für Druckereitechnik bei einem Einzelhandelskonzern: »Bei Besprechungen arbeite ich ›zack, zack‹ in zwanzig Minuten die wichtigsten Punkte ab. Es geht dabei nur um die Sache. Persönliches kommt, wenn überhaupt, dann hinterher, wenn alles Wichtige besprochen ist.« Sie ist überzeugt, dass die Projekterfolge, die sie in letzter Zeit verzeichnen konnte, auf diesem Kommunikationsstil beruhen.

Punkten Sie also, indem Sie bei Besprechungen gut vorbereitet sind und lösungsorientiert auftreten. Das hilft zum einen allen Beteiligten, Besprechungen kurz zu halten, zum anderen werden Sie nicht als »Kaffeetante« gesehen, sondern als Macherin mit guten Ideen.

3. **Mitreden bei »Jungs«-Themen**

Silke Bohnstedt-Wieland, Managerin bei einem internationalen Pharmakonzern, nimmt oft an Runden mit elf, zwölf Kollegen teil – bei denen außer ihr noch eine andere Frau dabei ist. Abends nach dem Meeting geht's gemeinsam zum Essen und dann spielen Themen eine Rolle, die sie gar nicht interessieren. Besonders gerne wird über Autos gesprochen: wie viel PS der eigene Firmenwagen hat, wie viel man privat monatlich zuzahlt, um den und den Wagen mit jener tollen Ausstattung zu bekommen und so weiter. Ein Thema, dem Bohnstedt-Wieland nicht viel abgewinnen kann. Mitreden möchte sie aber beim Thema Urlaub oder tolle Hotels und schicke Bars, weil sie sich dafür interessiert. Oft versucht sie, nicht außen vor zu bleiben und das Gespräch in eine für sie interessante Richtung zu drehen, bei der sie mitreden kann. So sagt sie etwa bei Gesprächen über feucht-fröhliche Abende in einer bestimmten Stadt: »Ach ja, in der Stadt, da gibt's ja dieses tolle Hotel XY mit der coolen Bar.« Diese Gesprächstaktik funktioniert meist erfolgreich.

4. Verhalten bei **Feiern** und **Dienstreisen**

Allein unter Männern – dieses Gefühl kennt Jana Meissner, Vertriebsmanagerin bei einem Automobilkonzern, nur zu gut. Oft ist sie die einzige Frau bei einem Projekt oder in Meetings. Bei Dienstreisen nach Asien geht's oft nach dem Abendessen in eine Bar und am Schluss dann noch in die Hotelbar nach dem Motto »Mal sehen, wer am längsten durchhält«. Die Themen dabei sind männlich geprägt: Autos, Sport oder Bundeswehr sowie (je später der Abend) sexuelle Anzüglichkeiten, bei denen es auch schon mal um die eigene Ehefrau geht. Oft hört Jana Meissner dann Bemerkungen wie »Wir müssen Rücksicht nehmen, wir haben eine Dame dabei«. Sie will sich nicht ganz ausschließen, geht aber meist, sobald der Alkoholspiegel der Kollegen ansteigt – also lange vor dem Ende des Abends. Sie hat das Gefühl, dass die Kollegen ganz froh sind, wenn sie geht, weil sie dann ihre Witze unterhalb der Gürtellinie machen können. Dass sie als gleichberechtigtes Teammitglied dabei ist, hat sie den Eindruck, passe immer noch nicht ins Bild. Andere Frauen tauchen nur als Dolmetscherin und Assistentin auf, und die Ehefrauen auch ihrer jüngeren Kollegen sind beruflich meist nicht oder nur kaum engagiert. Außerdem scheint es, als ob die Männer es nötig hätten, über die Stränge zu schlagen und den großen Macker zu markieren. Als ob sie es genießen würden, endlich von zu Hause weg zu sein, wo sie sich anscheinend eingezwängt ins alltägliche Familienleben fühlen. Diese Abläufe erinnern wieder an die Jungsgruppen, die sich in der Kindheit von den Mädchengruppen abgrenzen. Gemeinsame Besäufnisse stärken eben das Kumpelverhalten und die Gruppenzugehörigkeit und sind ein uraltes Ritual.

Sollten Frauen jetzt beklagen, dabei ausgeschlossen zu sein? Dass sie es sind, ist kaum zu leugnen. Aber irgendwie scheint es für die meisten Frauen kaum eine angemessene Art und Weise der Teilnahme an solchen Trinkgelagen zu geben. Warum also Energie darauf verschwenden? Lieber souverän die Jungs dabei allein lassen und sich daran erfreuen, dass die persönliche Kultur unter Frauen schließlich auch ihre Vorteile hat.

5. Hilfsmittel **Humor**

Nicht nur im Umgang mit mehr oder weniger trinkfesten Männerrunden hilft Humor. Katja Mohrhusen, 32, Abteilungsleiterin in einem Telekommunikationsunternehmen, setzt bei den »Jungs« auf Humor. Sie kommt damit gut an, wenn sie selbstbewusst mit männlich/weiblichen Rollenklischees kokettiert und schon mal sagt: »Sorry, ich muss jetzt leider weg und noch was einkaufen. Ihr versteht schon: die Dreifachbelastung als Frau!« Gerade auch in schwieriger Zeit kommt das ihrer Erfahrung nach gut an und signalisiert außerdem, dass man nicht vor Ehrgeiz völlig verbissen ist, was Männer Frauen (manchmal nicht ganz zu Unrecht) sonst schon gern einmal ankreiden.

6. DIE OLD BOYS KENNEN UND HELFEN SICH

Geschlossene Gesellschaft: Welche Frau kennt nicht dieses Gefühl, sich als Außenseiterin zu empfinden, wenn sie im Job wieder einmal auf eine fest gefügte Männerrunde trifft? Das Prinzip, dass Jungs am liebsten mit Jungs spielen, wird dadurch verstärkt, dass im Arbeitsleben die Spezies der »Old Boys« weit verbreitet ist. Was zeichnet sie aus? Selbst, wenn es einem manchmal so vorkommt, sehen sie natürlich in Wirklichkeit nicht so aus wie die grauen Herren der Zeit im Kinderbuch Momo. Aber kennzeichnend ist schon, dass sie sich vor allem untereinander sehr ähnlich sind. Sie finden sich zusammen nach dem Prinzip der geringsten Mühsal: Lieber mit jemand Bekanntem und Vertrautem zu tun haben, den man leichter einordnen kann, als mit jemand Unbekanntem. Sich möglichst mit jemandem zusammenschließen, der nicht nur dasselbe Geschlecht hat, sondern auch ähnliche Erfahrungen und ähnliche Werte, das ist einfacher, als sich mit Fremden auseinanderzusetzen, die man wesentlich schwerer einschätzen kann. So verbindet dieses Prinzip auf praktische Art das Angenehme mit dem Nützlichen. Denn in den Old-Boys-Networks gilt: Wir kennen uns, wir helfen uns! Männer wachsen in diese Old-Boys-Netzwerke hinein – oft wird die Basis dafür schon in den karriereträchtigen Studiengängen gelegt. Frauen haben bei der Ausbildung aufgeholt, aber bis sich das im Job bemerkbar macht, wird es noch eine Weile dauern. Für den Kreis der oberen Führungskräfte, die in der klassischen Old-Economy meist 40 Jahre und älter sind, gilt: Frauen dieser Generation haben oft nicht dieselben betriebswirtschaftlichen oder technischen Ausbildungen wie die Männer, haben nicht dieselben Universitäten be-

> Wir kennen uns, wir helfen uns – dieser Gedanke verbindet Old-Boys-Netzwerke.

sucht. Oder die Frauen sind erheblich jünger als die Männer, mit denen sie im Job zu tun haben und werden deshalb gar nicht derselben Liga zugerechnet.

Wie Frauen das Old-Boys-Prinzip clever nutzen

Die Männerbündelei beklagen, sich als Opfer der Umstände fühlen – das ist retro! Das haben wir gut ausgebildeten und immer souveräner werdenden Frauen nicht nötig. Was aber tun? Hier die wichtigsten Strategien, um mit Old-Boys-Netzwerken clever umzugehen.

Das Verbindende suchen

Manchmal sind die Unterschiede besonders deutlich; die Erfahrung, die Cornelia Schmalenbach gemacht hat, ist dafür beispielhaft.

Cornelia Schmalenbach, 41, bis vor kurzem Geschäftsführerin eines Vereins, hatte in dieser Funktion vor allem mit dem Vorstand des Vereins und den Mitgliedern zu tun, die fast alle Unternehmer waren. Ihre Aufgabe war mit den bescheidenen Mitteln, die ihr zur Verfügung standen, nur schwer zu bewältigen. Erschwerend kam für sie hinzu, dass sie sich bezogen auf die anderen Beteiligten in allem als Gegenteil fühlte: »Die Männer waren über 60, sehr vermögend und politisch konservativ eingestellt.« Schmalenbach fühlte sich dagegen als Einzelkämpferin.

Einerseits war es ein gravierender Nachteil, dass Cornelia Schmalenbach so definitiv anders war – andererseits beinhaltete gerade das die Möglichkeit, dass das Problem bewusst wird. Nur dadurch kann man ihm offensiv gegenübertreten. In manchen sich modern gebenden Medienunternehmen sind die Old-Boys-Systeme unter Umständen genauso vorhanden, aber durch den lockereren Umgangston eher verschleiert.

Erfolg versprechend wäre es gewesen, wenn Cornelia Schmalenbach überlegt hätte, wo sie doch Gemeinsamkeiten mit den Old Boys gehabt hätte. Sie hätte selbst erst einmal ihren eigenen Blickwinkel um 180 Grad ändern müssen, um nicht das Trennende, sondern das Verbindende ins Bild zu bekommen. Solche Gemeinsamkeiten gab es sicher, zum Beispiel auf der Ebene gemeinsamer Werte, mit dem Verein etwas bewegen zu wollen. Wenn sie diese betont hätte, wäre sie den Männern sicher ein Stück »ähnlicher« geworden beziehungsweise näher gekommen, ohne dabei unweiblicher zu werden.

Gemeinsamkeiten entwickeln

Wenn Sie so gut wie keine Gemeinsamkeiten finden oder die vorhandenen verstärken möchten, hilft es, weitere Gemeinsamkeiten zu entwickeln und sich zusammen neue Plattformen dafür zu überlegen. Das heißt etwa auf der fachlich/sachlichen Ebene einen Arbeitskreis zu einem Spezialthema auf die Beine zu stellen. Oder auf informeller Ebene die Tatsache zu nutzen, dass Männer ihre Rituale über Dinge pflegen, die sie gemeinsam machen, beispielsweise Sport. Da gibt es dann die Golfliga, aber auch diejenigen, die Badminton spielen oder zusammen zum Joggen gehen. Auch wenn Sie vielleicht nicht zum Schwimmen mitgehen und sich Ihren Kollegen im Badeanzug präsentieren möchten, überlegen Sie einmal, was zu Ihnen passt, was Sie gerne machen. Golf vielleicht nicht, aber Badminton? Probieren Sie es einfach aus. Um sich dabei wohler zu fühlen, macht es Sinn, befreundete Kolleginnen dazuzugewinnen. Wenn Sie mindestens zu zweit sind, heißt es dann nämlich nicht mehr automatisch »Allein gegen Männer«, sondern höchstens »Zwei gegen den Rest der Welt«. Und das klingt doch schon viel besser.

Old Boys respektieren, sich aber **nicht** vor ihnen **fürchten**

Viele Männer haben im Job immer noch eine sehr niedrige Toleranzschwelle, was Gefühle betrifft. Damit uns die Old Boys mitspielen lassen, ist es wichtig, ihnen gegenüber immer die sachliche Kompetenz herauszustreichen. Männer erwarten die sachliche Konfrontation geradezu, dann erst sprechen sie einer Frau Kompetenz zu. Das bedeutet, bei Machtspielchen keine Angst zu haben, wenn ein Mann schreit oder laut wird. Die Münchner Trainerin Christiane Gerlacher rät in einer solchen Situation, ganz ruhig zu sagen: »Und was sagen Sie fachlich/sachlich dazu?«

Nicht um Aufnahme **kämpfen**

Trotz allen Handlungsspielraums und cleverer strategischer Bemühungen, an eine Männergruppe Anschluss zu finden: Es gibt Situationen, in denen man in solche Gruppen einfach nicht hineinkommt und der Kampf darum, es doch zu schaffen, nur am eigenen Standing nagt. Das musste auch Katharina Ritter feststellen.

Katharina Ritter, 36, arbeitete als Lektorin in einem mittelständischen Verlag mit rund 20 Mitarbeitern. Dort gab es eine Gruppe von fünf Männern in leitender und nicht-leitender Position, etwa den Abteilungsleiter Marketing und den Leiter Vertrieb, aber auch einen Mitarbeiter vom Controlling, die stets zusammen Mittagessen gingen. Und wenn sie in der Küche gemeinsam Kaffee tranken, machten sie die Tür zu. Katharina Ritter fand es kränkend und ärgerte sich darüber, aus dieser Runde ausgeschlossen zu sein. Sie wurde den Eindruck nicht los, dass die Gruppe wichtige interne Infos austauschte. Zu denen hätte sie auch gern Zugang gehabt – zumal sich der Verlag in einer schwierigen Phase befand und gerade umstrukturiert wurde. Es gab zwar auch Frauen im Verlag, aber nicht in Leitungspositionen, und eine den Männern entsprechende Frauengruppe mit starken Verbündeten gab es schon gar nicht. Katharina war die Einzige, die hin und wieder stichelte: »Ah, die Männergruppe tagt wieder.« Darauf natürlich keine Reaktion. Einmal ging Katharina Ritter in die Offensive, setzte sich in der Kantine beim Mittagessen einfach mit an den Tisch des Grüppchens. Das Gespräch brach abrupt ab, um dann mit einem völlig belanglosen Thema fortgesetzt zu werden. Danach startete sie keinen weiteren Versuch mehr, war aber zumindest mit sich im Reinen, dass sie es probiert hatte.

Lieber Einzelne für sich **gewinnen**

Was hilft in einer Situation wie der von Katharina Ritter? Wenn die Gruppe blockt, können Sie trotzdem versuchen, zu einzelnen Männern guten Kontakt aufzubauen. Suchen Sie sich Themen, die Sie mit ihnen besprechen können. Oft hilft es, viele Fragen zu stellen, denn Männer fühlen sich meist wohl in der Rolle des Beraters und »Beschützers«. Das bedeutet zwar, Zeit in die Kontaktpflege zu Einzelnen zu investieren, was aufwändiger ist, als Kontakt zu einer Gruppe zu pflegen – aber Sie wissen ja: Leistung allein bringt's nicht.

Branchenkontakte
intensivieren

Engagieren Sie sich in Vereinen und Verbänden, die für Ihre Branche wichtig sind. Dort gehören Sie automatisch dazu, denn Sie sind ja Mitglied. Gehen Sie in Spezialarbeitsgruppen und Arbeitskreise zu Themen, die Sie interessieren und die strategisch für Sie wichtig sind. Ehrenamtlich Engagierte sind überall willkommen. So schaffen Sie es, ein angesehenes Mitglied dieser Community zu werden. Gehen Sie unbedingt zu Tagungen und Kongressen, die die Verbände veranstalten oder die sonst für die Branche wichtig sind. Bei den Tagungen tauchen dann auch die wichtigen Leute auf, und Sie können Kontakte aufbauen und vertiefen.

Schaffen Sie sich zusätzlich in speziellen Frauenverbänden und informellen Netzwerken Ihre eigene Unterstützungsplattform und Ihr »Old-Girls-Network«. So lernen Sie die wichtigen Frauen aus Ihrer Branche kennen und erfahren die Branchennews. Unter Frauen – und das ist eine ihrer großen Stärken – ist viel Offenheit möglich. Wichtige Informationen können ausgetauscht werden, persönliche Nähe entsteht. Deshalb wird die große Stunde der reinen Frauen-Job-Netzwerke erst noch kommen. Zunehmend kommen Frauen in Schlüsselpositionen und anders als früher vernetzen sie sich untereinander. Und dann pflegen sie – anders als Männer – sehr persönliche und damit auch sehr machtvolle Beziehungen.

Do's im Umgang mit »Old-Boys-Netzwerken« im Überblick:

Tipp

- Im ersten Schritt herausfinden, worin die Gemeinsamkeiten bestehen und diese betonen.
- Im zweiten Schritt neue Gemeinsamkeiten entwickeln.
- Old Boys respektieren, aber sich nicht vor ihnen fürchten.
- Wenn die Runde mauert, nicht um Aufnahme kämpfen, sondern gute Kontakte zu einzelnen Old Boys aufbauen.
- Eigene Netze aufbauen: »Young-Girls« und »Old-Girls«-Gruppen stärken die eigene Identität und helfen mit Infos.

7. VERBÜNDETE MÜSSEN GESUCHT UND GEPFLEGT WERDEN

Während Frauen noch einmal am Bericht feilen, das Protokoll der letzten Besprechung tippen oder dem neuen Kollegen das Computerprogramm erklären, sind Männer unterwegs, um ihre Verbindungen zu pflegen. Hier ein wichtiges Mittagessen, da der Besuch einer Konferenz, dort ein Termin. Das schafft nicht nur ein gutes Klima, weil ein persönlicher Kontakt entsteht, sondern auch Verbündete, um sachlich wichtige Dinge voranzubringen. Männer wissen, wer dafür in Frage kommt, sie bei ihren Plänen zu unterstützen und wer nicht. Es ist ihnen klar, wer im Machtgefüge des Unternehmens wichtig ist. Sie denken in Kategorien wie »Bereich«, »Beritt« oder »Revier«. Ihnen ist bei geplanten Veränderungen in der Organisation sofort klar, was das für den eigenen Bereich und die Bereiche der Kollegen bedeutet. Und sie wissen, dass sie das in ihre Überlegungen mit einbeziehen müssen. Frauen ist diese Denkweise meist fremd, »weil es doch auf die Sache ankommt«. Nicht verwunderlich also, dass die Berliner Soziologie-Professorin Christiane Funken bei ihren Forschungen Folgendes festgestellt hat: Wenn man Frauen, die eine neue Stelle antreten, fragt: »Was machen Sie als Erstes im Unternehmen«, sagen fast alle Frauen: »Ich arbeite mich ein.« Männer dagegen sagen: »Ich schaue, wo's langgeht, wer die Fäden in der Hand hält.« Männer fragen, wie die Infrastruktur im Unternehmen aussieht. Sie erstellen eine Art soziales Organigramm, in dem auch informelle Machtstrukturen berücksichtigt sind. Anders die Frauen: Sie neigen dazu, sich in die Gruppe zurückzuorientieren. Da drängt sich das Bild der Frauenhorde in der Höhle auf, und man ist geneigt, doch einiges dem steinzeitlichen Erbe zuzuschreiben.

Zu denken, dass Sie sich nur auf die Inhalte Ihrer Arbeit verlassen zu brauchen, damit es gut läuft, ohne sich um Kontakte zu anderen Abteilungen und zu Vorgesetzten weiter oben zu bemühen, das ist einer der größten Irrtümer von Frauen im Jobleben. Erweitern Sie Ihren Blickwinkel. Üben Sie gedankenspielerisch, Machtkategorien einzubeziehen. Und vor allem: Suchen Sie sich Verbündete. Auch wenn Sie sich heute gar nicht vorstellen können, wofür Sie vielleicht jemals Verbündete brauchen können. Je länger Sie im Job sind, desto mehr Situationen werden auf Sie zukommen, in denen es äußerst nützlich ist, Verbündete zu haben. Das gilt heute noch viel mehr als früher, da sich die festen Strukturen in der Arbeitswelt zunehmend auflösen, die Geschwindigkeit des Wandels rasant zunimmt und Sie sich immer wieder neuen Herausforderungen stellen müssen.

Lernen Sie von anderen!

»Man braucht immer zwei Chefs, die einen unterstützen: den direkten Chef und den darüber.« Diesen Satz hörte »High Potential« Katja Mohrhusen von einem Geschäftsbereichsleiter beim dreitägigen Einführungsprogramm für Nachwuchskräfte ihres Unternehmens. Für sie ein Schlüsselsatz, der sie auch heute immer noch nach möglichen Verbündeten Ausschau halten lässt.

> **Cornelia Schmalenbach** weiß heute: »Ich habe das falsch gemacht.« Die 41-jährige ehemalige Erwachsenenbildnerin führte als Geschäftsführerin einen Verein, in dem Unternehmen und Institutionen als Mitglieder jeweils durch ihre Geschäftsführer vertreten sind – alles Männer. Der Vorstand bestand aus Cornelia Schmalenbach als Geschäftsführerin und drei Männern. Ihre Stelle war zunächst auf ein Jahr befristet. Nach einem halben Jahr verfasste sie auf eigene Initiative einen Zwischenbericht. Sie formulierte deutlich, dass sie noch zusätzliche Unterstützung für ihre Aufgabe brauche, beispielsweise eine Kraft fürs Sekretariat. Diesen Brief schickte sie an die drei Männer aus dem Vorstand. Keine Reaktion. Daraufhin versuchte Cornelia Schmalenbach ein gemeinsames Vorstandstreffen herbeizuführen – ohne Erfolg. »Tja, und jetzt ist der Karren an den Baum gefahren«, sagt sie heute. Ihr Vertrag wurde nicht verlängert.

Was hätte sie aus ihrer Sicht heute anders machen können? »Das meiste läuft übers persönliche Gespräch, ich hätte die Männer einzeln als Verbündete gewinnen müssen.« Dabei meinte sie es nur gut, wollte es den Männern so bequem wie möglich machen, sie nicht belästigen. Vermutlich reagierte der Vorstand auch nicht, weil er Widerstand bei den Mitgliedern befürchtete. Die Mitglieder wussten nichts von Schmalenbachs Vorstoß, weil der Vorstand sie gar nicht darüber informierte. Leider hatte Cornelia Schmalenbach auch nicht versucht, einzelne Mitglieder des Vereins als Verbündete zu gewinnen. Das wäre aus mehreren Gründen sinnvoll gewesen. Diese hätten einer Beitragserhöhung zur Bezahlung für die zusätzliche Kraft ja zustimmen müssen. Mit ein paar Mitgliedern als Verbündete hätte Schmalenbach eine ganz andere Verhandlungsposition gehabt. Warum Schmalenbach das gar nicht versucht hat: »Tja, ich hatte die Zeit nicht, musste immer so viel für den Verein organisieren: die Teilnahme an Messen, neue Projekte auf die Beine stellen, die Homepage weiterentwickeln. Ich habe mir einfach keine Zeit dafür genommen.«

Wie Frauen **clever** Verbündete **finden**

Machen Sie es anders als Cornelia Schmalenbach, suchen Sie sich sofort gute Verbündete. Im Folgenden dazu die Profile möglicher Verbündeter und eine ganze Palette smarter Tricks, aus denen Sie aussuchen können, was zu Ihnen passt.

Wer **kommt** als Verbündeter **in Frage**?

Während Männer eine Art inneres Radar dafür zu besitzen scheinen, wer für sie wichtig sein könnte, müssen sich Frauen darüber bewusst Gedanken machen. Stellen Sie sich folgende Fragen:

Praxis

Forschen Sie nach Verbündeten
- Wer sind für Sie und Ihre Arbeit die wichtigen Leute?
- Wer sind die Meinungsbildner?
- Schreiben Sie die Namen und die Funktionen in einer Liste auf oder erstellen Sie eine Überblicksskizze für sich selbst. Zeichnen hat den Vorteil, dass Ihnen durch die räumliche Perspektive dabei vielleicht auch noch Menschen oder bestimmte Positionen einfallen, die Sie sonst eher übersehen.

Überlegen Sie weiter:
- Zu wem haben Sie schon guten Kontakt?
- Zu wem wollen Sie den Kontakt noch verbessern?
- Zu wem möchten Sie ganz neu Kontakt aufnehmen?

Die **Vorteile** verschiedener Typen von **Verbündeten**

»Vaterfigur«

Ein väterlicher Mentor kann für eine Frau ein guter Verbündeter sein. Seine eigene Karriere ist bereits gefestigt und als »Vaterfigur« wird er seine »Tochter« schützen und fördern. Aber er wird ihr nicht zu einer besseren Position als der eigenen verhelfen. Deshalb rät die amerikanische Medienmanagerin Evans, sich zu gegebener Zeit geschickt und ohne Affront zu lösen und eine neue Position zu suchen – mit einem Appell an die väterliche Unterstützung und unter Zuhilfenahme seiner guten Beziehungen zu anderen Old Boys.

»Ehemann«

Kollegen, mit denen man Gedanken, Ideen und Pläne auf informeller Ebene austauscht, bezeichnet Evans als »Ehemann« – da ein sehr vertrautes Verhältnis herrscht. Einerseits eine große Chance, andererseits reagieren auch diese Berufs-»Ehemänner« oft gereizt bei Schwächen, die sie an ihre eigene Frau erinnern. Dies zu wissen hilft, unwirsches Verhalten nicht persönlich zu nehmen.

Frauen

Ganz wichtig ist es, mit Sekretärinnen und Assistentinnen freundlichen Umgang zu pflegen, hat die Abteilungsleiterin Katja Mohrhusen festgestellt. Wenn sie einen Termin mit Vorgesetzten oder einem Vorstandsmitglied haben möchte, geht sie persönlich im Sekretariat vorbei – und ist nett und freundlich. Sollte eigentlich eine Selbstverständlichkeit sein, ist es aber nicht. Mohrhusen hat immer wieder festgestellt, dass andere Frauen Sekretärinnen abwerten und es dann natürlich entsprechend schwerer haben, wenn sie etwas möchten.

Mohrhusen sucht grundsätzlich auch unter Frauen persönliche Verbündete. Wenn eine andere Frau bei einem Meeting auftaucht und diese ihr sympathisch ist, verabredet sie sich mit ihr zum Mittagessen oder auch mal zum Abendessen.

Jana Meissner, Führungskraft im Vertrieb eines Automobil-Konzerns, trifft sich häufig mit Frauen zum Mittagessen, die sie von der gemeinsamen Arbeit beim internen Frauennetzwerk kennt: »Das macht mehr Spaß als mit männlichen Kollegen, weil mit Frauen das Gespräch viel persönlicher ist.«

Wie **Kontakt herstellen** und pflegen?

Wie bringt man den anderen dazu, mit einem kooperieren zu wollen? Sympathie und Vertrauen sind auf jeden Fall wichtige Grundlagen. Beides, so Wottawa, wird wesentlich bestimmt durch Ähnlichkeit: »Aber wie kann ein Weibchen einem Männchen ähnlich werden?« Die Suche nach Verbindendem spielt bereits eine große Rolle, um Kontakt zu Old Boys zu pflegen. Wenn man nach Verbündeten sucht, ist es natürlich noch wichtiger, die Gemeinsamkeiten herauszustreichen. Suchen Sie sie auf folgenden Ebenen:

- Normen und Werte
- Persönlichkeitsmerkmale
- Bewertungssysteme
- vergleichbares Potenzial in der »Jugend«
- gemeinsame Interessen
- gemeinsame Ziele
- interessante Visionen

Die Art, den Kontakt herzustellen und zu pflegen, wird, je nachdem wie weit Sie in der Organisation von Ihrem potenziellen Verbündeten entfernt sind, jeweils unterschiedlich ausfallen. Das sind die wichtigsten Wege:

Über Themen

Nicht alle möglichen interessanten Verbündeten werden für Sie auch realistischerweise erreichbar sein – einfach, weil sie in der Hierarchie zu weit weg sind. Überlegen Sie, welche Themengebiete für diese Personen spannend sind, so dass Sie eventuell über diese Themen einen Kontakt knüpfen können.

So sucht zum Beispiel Pharmamanagerin Silke Bohnstedt-Wieland aktiv nach firmenrelevanten Themen, die zwischen ihr und dem neuen Geschäftsführer ihres Unternehmens eine gemeinsame Basis schaffen können. Per Mail informiert sie ihn über diese Themen, »damit er meinen Namen schon einmal mitbekommt«.

Durch Überzeugen mit Vorteilen

Gerade wenn man besondere Aufgaben lösen muss und bestimmte Entscheidungen in die Wege leiten möchte, sind Verbündete besonders wichtig. Lydia Lux-Schmitt, selbst Geschäftsführerin einer Tochterfirma eines Healthcare-Konzerns, hat immer Energie hinein gesteckt, sich ein bestimmtes Netzwerk aufzubauen. Bei wichtigen Themen diskutiert sie vorher mit ihren Kollegen darüber, worin für sie die Vorteile liegen, wenn sie mitziehen.

Durch Einbeziehen

Gute Erfahrungen hat Susanne Freilinger, Vertriebsexpertin bei einem Konsumgüterhersteller, damit gemacht, Kollegen anderer Abteilungen in Prozesse mit einzubinden. Auf diese Weise hat sie starke Verbündete im Bereich Marketing gefunden. Ihre Strategie: Sie nimmt einzelne Marketingproduktmanager zu ihren Terminen mit und lässt sie beim Kunden ihr Produkt präsentieren. Die Marketingmanager freuen sich, dass sie ihr Produkt vorstellen können und Susanne Freilinger weiß, dass der Kunde so das Maximum an Informationen erhält – und die Marketingmanager sind ihre Verbündeten, weil sie in den Prozess einbezogen sind und mit ihrer Arbeit gewürdigt werden. Früher wäre diese Vorgehensweise undenkbar gewesen, aber Susanne Freilinger hat die Spielregeln geändert und damit Erfolg.

Über Projekte/Workshops/Tagungen

Telekommunikationsprofi Katja Mohrhusen setzt auf persönliche Kontakte und nimmt an möglichst vielen übergreifenden Projekten und Workshops teil wie etwa zum Thema »Work-Life-Balance« oder »Strategieplanung«. Dort trifft sie nicht nur Kollegen aus der Personalabteilung, sondern auch Mitarbeiter aus den Bereichen Sales oder Entwicklung. Diese Workshops dauern oft einen ganzen Tag, da geht man natürlich auch gemeinsam zum Mittagessen und steht bei der Kaffeepause zusammen. Katja Mohrhusen halst sich von solchen Terminen lieber mehr auf als weniger – aus strategischen Gründen, aber auch, weil es ihr einfach Spaß macht. Wer meint, für solche Veranstaltungen und zusätzliche Termine keine Zeit zu haben, sollte die eigene Definition von qualitativ hochwertiger Arbeit überprüfen.

Viele Frauen übersehen, dass es nicht nur darum geht, Menschen persönlich kennen zu lernen, um im Fall des Falles jemand zu kennen, der einem wieder einen Job geben könnte. Nein, es geht auch um die Fülle von Infos, Einschätzungen der Lage durch andere, Klatsch und Tratsch, wer verlässt das Unternehmen, wer kommt – lauter Dinge, die sowohl für die strategische Ausrichtung der eigenen Position als auch als Hintergrundwissen wichtig sind. Frauen unterschätzen oft die Sach- und Informationsebene, das heißt, sie unterschätzen, wie wertvoll diese Art von Infos ist, die sie vor allem über solch persönliche Kontakte erhalten.

Sich als »Neue« vorstellen

Vertriebsmanagerin Jana Meissner baut vor allem dann gezielt Kontakte zu potenziellen Verbündeten auf, wenn sie eine neue Aufgabe übernimmt. Sie überlegt sich, wer Kompetenz- und Entscheidungsträger ist und bittet um einen Termin: »Sie sind so kompetent in diesem Thema, darüber würde ich mich gern mit Ihnen unterhalten.«

Diese Bitte ist ihr noch nie abgeschlagen worden. Kein Wunder, wer ist nicht geschmeichelt, wenn jemand ihn als kompetent ansieht. Das ist eine gute Basis für weitere persönliche Kontakte. Und außerdem profitiert man natürlich auch inhaltlich von dem Wissen der anderen Person.

»Bin sowieso in Ihrer Stadt«

Zur Pflege ihrer internationalen Kontakte nutzt Geschäftsführerin Lydia Lux-Schmitt auch private Reisen. So hatte sie bei einem Flug nach Borneo einen Zwischenstopp in Singapur. Sie schlug dem Controllerkollegen vor Ort, der für den asiatisch-pazifischen Raum zuständig ist, vor, sich persönlich kennen zu lernen. Nun arbeiten Sie vielleicht nicht bei einem weltumspannenden Konzern, aber innerhalb Deutschlands ist dieses Prinzip genauso einsetzbar. Oft haben Sie bei Geschäftsreisen doch etwas Zeit zwischen zwei Terminen – nehmen Sie einen Flieger oder Zug früher und treffen Sie sich zum Frühstück oder bleiben Sie gegen Abend etwas länger. Oder nutzen Sie den privaten Städtetrip mit Freund oder Mann oder einen Besuch bei der Oma dazu, schon gegen Freitagmittag anzureisen und noch einen Termin für Freitagnachmittag zu vereinbaren. Auf diese Art und Weise haben Sie gute Chancen, auch Termine mit Menschen zu vereinbaren, die sonst sehr restriktiv mit ihrer Zeit umgehen. Der Grund: Das Angebot zum Treffen hat einmaligen Eventcharakter. Ihr Gesprächspartner weiß: Ist die Gelegenheit erst einmal verpasst, ist nicht klar, wann Sie wieder einmal »zufällig« in der Stadt zu Besuch sind.

Treffen auf einen Kaffee oder zum Mittagessen

Der Klassiker schlechthin: Verabreden Sie sich auf einen Kaffee oder zum Mittagessen. Ganz unverbindlich, Sie können es wiederholen, wenn es beiden gut gefallen hat, oder Sie lassen es ohne Gesichtsverlust bei der einmaligen Verabredung – immerhin können Sie sich dann versichern, wie gut es doch ist, dass Sie sich einmal persönlich kennen gelernt haben.

Und dass Männer eine neutrale Verabredung zum Mittagessen als Date missverstehen, wenn es sonst keinen Flirt gab, hat mir noch keine Frau berichtet. Meist merkt man ja im Vorfeld, ob jemand erotisch an einem interessiert ist. Und dann zwingt Sie ja niemand, ausgerechnet dann eine Verabredung zum Mittagessen zu treffen. Und wenn ein Lunchtermin unumgänglich erscheint, können Sie in einem solchen Fall immer noch versuchen, die Runde mit ein paar Team-Kollegen zu erweitern.

Um Rat fragen

Chefredakteurin Ulrike Schlüter empfiehlt, die eigene Weiblichkeit nicht zu verleugnen. »Warum nicht weibliches Einfühlungsvermögen nutzen, wenn es einen weiterbringt?« Frauen sollten nicht zu stolz sein, andere zu loben und ihren Rat einzuholen. Nach dem Motto: »Sie haben so ein sensibles Gespür für Personalentscheidungen.« Wer so angesprochen wird, wird einem nicht nur in Personalfragen auf jeden Fall weiterhelfen. Schließlich macht erst das Spielen mit verschiedenen Kommunikationsebenen die clevere Mitspielerin aus.

> **Silke Bohnstedt-Wieland** hat damit, Kollegen auf diese Art zu Verbündeten zu machen, ein zwiespältiges Verhältnis. »Wenn ich das Hilfe suchende Mädel spiele und meinen Kollegen frage, ob er mir was abnehmen könnte, funktioniert das immer.« Aber eigentlich will sie ihn gar nicht fragen und ärgert sich, dass es funktioniert: »Na ja, er hat eben auch ein Defizit und will gelobt werden.« Und den Gefallen wollte sie ihm nicht tun. Doch dann hatte sie das Aha-Erlebnis, dass das doch eine Win-Win-Situation ist, von der beide etwas haben, er das Lob und sie den Rat und eine verbesserte persönliche Beziehung. Seitdem fällt es ihr leichter, um Rat zu fragen.

Gerade Frauen, die sich im Job stark engagieren und Karriere machen, haben manchmal eine Art des Sich-voran-Kämpfens verinnerlicht. Es fällt ihnen schwer, auch einmal einen Schritt zurückzutreten. Sie schaffen es nicht, sich zu sagen, dass sie jetzt einfach einen bestimmten Spielzug ausprobieren, ohne dass das gleich ihre gesamte Selbstachtung in Frage stellt. Wenn Sie ein ähnliches Muster bei sich feststellen, fragen Sie sich doch einmal, was passieren müsste, damit Sie bereit wären, Ihrem Kollegen Ihre Wertschätzung zu zeigen, indem Sie ihn um Rat fragen. Und überlegen Sie sich, wie Sie reagieren, wenn man Sie um Ihren Rat bittet, und wie das die Beziehung zu dem oder der Ratsuchenden verändert.

Diplomatisch agieren

Nicht verplaudern! Achten Sie darauf, sich mit Bewertungen von Firmenangelegenheiten zurückzuhalten. Gerade in größeren Unternehmen wissen Sie oft nicht, wie die internen inoffiziellen Netzwerke funktionieren. Wenn Sie keinen Überblick haben, wer mit wem enger kooperiert, kann es sehr gefährlich sein, einfach mal unbedacht die eigene Meinung über diesen und jenen Bereich oder dieses und jenes Projekt abzugeben. Schneller als es Ihnen recht ist, könnte Ihre Sichtweise direkt bei den Beteiligten ankommen und dort auf wenig Gegenliebe stoßen.

Katja Mohrhusen, Abteilungsleiterin, ist ganz diszipliniert: »Wenn ich mit dem Vorstand spreche, bin ich ganz konzentriert auf meine Themen und erlaube mir keine Plauderei.« Der Grund: »Die Gefahr, dass ich etwas sage, von dem ich keine Ahnung habe, ist viel zu groß. Und wenn ich meine Einschätzung zu irgendetwas verkünde, weiß ich nicht, wie der andere das einschätzt. Vielleicht äußere ich mich negativ über ein Projekt, das vielleicht zu den Lieblingsprojekten des Vorstands gehört, wovon ich aber nichts weiß.« Bei ihrem direkten Vorgesetzten hat ihr eine solche Bemerkung schon einmal schlaflose Nächte bereitet. Sie entschloss sich dann aber, das auf sich beruhen zu lassen: »Lieber in der Hoffnung aussitzen, dass der andere es wieder vergisst. Wenn man noch mal darauf zurückkommt, gibt man dem Ganzen nur eine unangemessene Bedeutung.«

Da Frauen meist nicht für das Bezugssystem Macht und Hierarchie sensibilisiert sind, sollten Sie besonders aufpassen, nicht in die folgenden Fallen zu tappen:

Falle Nummer Eins: Die **Ehrlichkeit** der Frauen

Ein übertriebener moralischer Anspruch, immer völlig ehrlich zu sein, überlagert bei Frauen oft das Bewusstsein, dass sie im Job immer eine strategische Rolle spielen. Dabei muss das der Grundgedanke sein, denn das Spiel funktioniert auf der Basis eines Systems, in dem Macht und Hierarchie Schlüsselbegriffe sind. Alle Fragen, Abläufe, Vorgänge müssen immer in diesem Kontext gesehen werden. Wenn zum Beispiel eine Mitarbeiterin von ihrer Chefin gefragt wird: »Findest du auch, dass ich meine Leute unterdrücke?«, so ist ein klares »Ja« zwar eine sehr ehrliche, aber gleichzeitig auch nicht besonders smarte und weiterführende Antwort. Besser ist, sich nicht festzulegen: »Das ist eine interessante Frage, das kann ich jetzt gar nicht beurteilen.« Oder, was auch ehrlich ist, zu antworten: »Das kann ich gar nicht beurteilen, ich kann dir nur sagen, wie ich's empfinde.« Und man selbst fühlt sich natürlich nicht unterdrückt, sonst hätte die Chefin einen das sicher nicht gefragt.

»Frauen wundern sich oft, dass Männer Konflikte nicht konfrontativ angehen, wenn es darum geht, Beziehungen zu regeln. Stattdessen ziehen es Männer vor, die Sachebene zu besprechen«, hat die

Trainerin Maria Hof-Glatz festgestellt. Dabei liege der Grund dafür auf der Hand: Man wisse ja nie, ob die Konfliktperson einmal in die Machtposition gerät. Das erklärt auch, warum Männer wesentlich weniger direkt kommunizieren. Auch Frauen, die schon länger herausragende Führungspositionen haben, fragen sich dann immer wieder: »Was meint er denn jetzt bloß wieder?«

Wichtig ist, dass Sie Ihre eigene Position deutlich zeigen müssen, wenn Sie für Klärung sorgen wollen. Damit ist oft ein starker moralischer Anspruch verbunden, wie Beziehungen im Job auszusehen haben. Leider ist vielen nicht bewusst, dass darin für andere gleichzeitig ein Machtanspruch liegen kann. Das bedeutet nicht, Konflikte gar nicht mehr anzugehen, sondern sich mit Ruhe und Umsicht zu überlegen, wie man vorgehen will.

Falle Nummer Zwei: Die **heimlichen Botschaften**

Sie haben eine tolle Idee – zum Beispiel, wie man die Reisekostenabrechnung in Ihrer Firma verbessern kann oder dass ein spezielles Datenverwaltungsprogramm doch viel sinnvoller für die Abläufe wäre. Verraten Sie sie nicht, jedenfalls nicht sofort. Jedes Unternehmen hat eine eigene Kultur und damit auch eine mehr oder weniger offene Art der Kommunikation. Werden Sie sich zunächst darüber klar, wie offen in Ihrer Firma neue Vorschläge gemacht werden. Checken Sie, ob heimliche Botschaften dagegen sprechen, dieses Thema anzuschneiden. Denn wenn Ihnen die Idee kommt, haben sie vielleicht auch andere Kollegen bereits gehabt, aber bisher nichts gesagt. Vielleicht gibt es dafür gute Gründe, etwa dass die Vorgesetzten auf keinen Fall wollen, dass in dieser Hinsicht etwas geändert wird. Beobachten Sie Ihre Umgebung. Wie wird allgemein mit Veränderungsvorschlägen umgegangen? Hat Ihnen schon einmal jemand beiläufig so etwas gesagt wie »Ach, beim Thema Reisekosten, da wird sich nie was ändern ...« Überlegen Sie sich, ob es taktisch klug ist, den Vorschlag tatsächlich zu bringen. Wenn er einmal auf dem Tisch liegt und wichtige Personen sich darüber ärgern, dass das Thema überhaupt zur Sprache kommt, haben Sie möglicherweise wichtige potenzielle Verbündete vergrätzt, ohne es zu wollen. Was tun? Nie wieder etwas sagen? Natürlich nicht, aber vorher genau darüber nachdenken, ob es Sinn macht oder nicht. Die Vertriebsverantwortliche Freilinger hat es geschafft, viele Dinge zu verändern, von denen es vorher hieß, dass daran nicht gerüttelt werden dürfe. Heute sind die neuen Abläufe, etwa dass die Produktmanager die Vertriebskollegen zum Kunden begleiten und selbst ihr Produkt vorstellen, Teil ihrer persönlichen Erfolgsstrategie.

Falle Nummer Drei:
Party-Stimmung

Aufpassen: Beim Suchen nach Verbündeten und beim Networken nicht zu vertraulich, zu persönlich werden. Personalexperte Friederichs gibt zu bedenken: »Es gibt Frauen, die attraktiv sind und dann zu einem strahlenden Partygirl mutieren, weil sie von der Beziehungspflege so begeistert sind, dass es zu reinem Entertainment auswächst.« Etwas, das Männer irritiere, so Friederichs. Schließlich wolle man sich auf einem professionellen Level begegnen und sich nicht wie auf einer Party fühlen.

8. DIE ROLLE »›FLEIßIGES LIESCHEN« KENNEN MÄNNER NICHT

Wenn es im Job wichtig ist, sich im Macht- und Hierarchiesystem gut zu platzieren, wie wichtig ist es dann, bienenfleißig seine Aufgaben zu erledigen? Richtig, es ist ziemlich unwichtig. Das merken Sie daran, dass es sonst im Job sehr viel mehr fleißigere Männer geben würde. Zwar können Sie sich bei Ihrem direkten Vorgesetzten dafür beliebt machen, brav alle Aufgaben zu erledigen, die Sie gestellt bekommen. Für Aufgaben mit mehr Verantwortung – meist im Hierarchiesystem weiter oben angesiedelt – empfehlen Sie sich jedoch nicht nur dadurch.

Im **Job-Theater** feiern andere Rollen Bühnenerfolge

Unter Männern ist unbewusst klar, dass es im Job-Spiel verschiedene Rollen gibt: Den formalen Leiter, den informellen Leiter, den Experten, denjenigen, der für die Klimapflege zuständig ist und so weiter. Männer trachten danach, auf der Hierarchieleiter eine möglichst hohe Position als formeller oder informeller Leiter einzunehmen. Die Rolle als »Fleißiges Lieschen« ist jedoch nicht vorgesehen. Das zeigt sich daran, dass Männer nie darauf hinweisen, wie hart und fleißig sie für etwas arbeiten mussten. Sie sprechen von Projekten, die sie geleitet haben, von Sachthemen, bei denen sie gut Bescheid wissen, oder vom letzten internationalen Kongress, auf den sie eingeladen waren.

Wenn Sie dagegen die Rolle des »Fleißigen Lieschens« annehmen, dann strahlen Sie aus, dass Sie damit zufrieden sind, sich abzuackern und keine weiteren Ziele zu haben. Eine Rolle, die in einer von Männern geprägten Jobumwelt, in der die meisten weiterkommen wollen und andere respektieren, die das auch wollen, nicht sehr angesehen ist. Im Gegenteil, man ist froh, wenn eine solche Person im Team ist, der man immer noch etwas und noch etwas aufladen kann und die sich nicht oder nicht sehr wirkungsvoll dagegen wehrt. Das »Fleißige Lieschen« läuft Gefahr, in die Rolle des »Deppen vom Dienst« abzurutschen. Und Sie können es innerlich noch so sehr ablehnen, im Job eine strategische Rolle spielen zu wollen, und darauf pochen, dass Ihnen die Inhalte wichtig sind. Das ändert nichts. Sie spielen immer eine Rolle – und dann ist es eben die Rolle des »Fleißigen Lieschens«. Klar ist es nicht ratsam, die Inhaltsebene stark zu vernachlässigen und als aufgeblasenes weibliches Windei durch die Jobwelt zu ziehen. Aber Sie sollten sich schon fragen, ob die ausschließliche Konzentration auf den Inhalt wirklich clever ist. Und wenn Sie beschließen, an dieser Rolle festzuhalten, dann übernehmen Sie bitte auch die Verantwortung dafür und beklagen Sie sich nicht als bedauernswertes Opfer, dessen Leistungen von niemandem gewürdigt werden. Egal wie man das moralisch bewerten will: Das Spiel funktioniert nun einfach mal nach diesen Regeln.

Wer gerne »Fleißiges Lieschen« ist, sollte nicht darüber jammern.

Wie Frauen clever vom »Fleißigen Lieschen« zur Macherin werden

Natürlich sollen Sie sich auch in Zukunft für Ihren Job engagieren und vernünftige Arbeit machen, aber positionieren Sie sich als Macherin und sprechen Sie von Ihren Erfolgen und nicht davon, was sie alles dafür leisten mussten.

Machen Sie sich bewusst, dass es typisch »Frau« ist, auf fachliche Qualifikation, Leistung und viel, viel Arbeit zu setzen und beachten

Sie das Risiko, das darin steckt. Zum einen ist die Gefahr dabei, dass auf einer anderen Ebene die Rolle des »Fleißigen Lieschens« der klassischen Hausfrauenrolle entspricht – bei der die Frau ständig arbeitet, immer etwas tut, sich immer um etwas zu kümmern hat. Außer in Lippenbekenntnissen und für die eigene Bequemlichkeit wird diese Rolle von Männern selten wirklich wertgeschätzt. Zum anderen laufen Sie als Frau am Arbeitsplatz in dieser Rolle Gefahr, noch zusätzliche Aufgaben aufgepackt zu bekommen – auch solche, die mit hohem Risiko verbunden sind.

Bei vielen Frauen ist der Automatismus beziehungsweise das »Assistenzkraftsyndrom«, wie Wirtschaftspsychologe Wottawa es nennt, tief verankert. Sie folgen ihrer Gewohnheit, sich für andere Personen einzusetzen und nicht für eine bestimmte Sache, und machen sich sofort an die Erledigung neuer Fleißaufgaben – ohne zu überlegen, ob sie sie überhaupt annehmen wollen oder nicht. Deshalb: Reagieren Sie nicht sofort, sondern trainieren Sie, sich in solchen Situationen zuerst zu fragen:

Praxis

Bevor Sie neue Aufgaben übernehmen:

1. Was bringt es den anderen – den Vorgesetzten, den Kollegen – wenn ich die Aufgabe übernehme?
2. Was bringt es mir, wenn ich die Aufgabe übernehme?
   Ist meine Einschätzung dessen, was es mir bringen kann, realistisch?

Auch wenn's schwer fällt: **Abschied** vom Perfektionismus

Frauen sollten sich einfach abschminken, dass Männer ihren Perfektionsanspruch würdigen. Für Männer macht es einfach keinen Sinn, noch weiter an etwas herumzubosseln, wenn es doch im Großen und Ganzen schon gut genug ist. Anstatt perfekt gestaltete Detailarbeit abzuliefern, zählt für sie mehr das Wichtigsein bezogen auf die Hierarchie. Ein Punkt, den viele fleißige, engagierte und perfektionistisch veranlagte Frauen immer wieder übersehen. Sie sind dann äußerst enttäuscht, wenn der aus ihrer Sicht smarte junge Fuzzi befördert wird und an ihnen vorbeizieht. Obwohl er doch längst nicht so viel Sachkompetenz hat wie sie. Anstatt den Bericht ein x-tes Mal zu überarbeiten, um die eigenen Qualitätsmaßstäbe zu erfüllen, hat es der junge Kollege aber vielleicht – von anderen Gründen einmal abgesehen – einfach besser verstanden, sich dem Chef als jemand zu präsentieren, der die anstehenden Probleme lösen kann.

Das **eigene Image** im Blick behalten

Was dabei hilft, die Rolle als »Fleißiges Lieschen« abzulegen, ist immer wieder darüber nachzudenken, was diese Rolle fürs eigene Image bedeutet.

> **Ulla Schilder** ertappt sich noch oft, dass sie als EDV-Expertin doch wieder in die Rolle des »Fleißigen Lieschens« reinrutscht. »Ich höre einfach viele Dinge auf dem Appell-Ohr.« Aber sie hat ihr Verhalten schon ein ganzes Stück weit geändert. Wenn bei Konferenzen jemand – in der Regel einer der Männer – sagt, »Oh, hat mal jemand einen Stift?«, springen sofort die Frauen hoch und suchen einen Stift.

Früher hat Ulla Schilder das auch gemacht, aber sie hat es sich abgewöhnt und reagiert auf diese Frage nicht mehr. Ebenso versucht sie die schmutzige Kaffeeküche zu ignorieren, was nicht ganz leicht ist, sitzt sie doch im Büro gegenüber. Was ihr beim Ignorieren hilft? Die Vorstellung, was die Kollegen von ihr denken, wenn sie sie in dieser Rolle sehen und ob sie tatsächlich so von ihnen gesehen werden will. »Eigentlich finde ich's blöd, so aufs Image zu achten, aber ich schade mir sonst mehr«, sagt sie. Und schließlich will sie lieber als diejenige gesehen werden, die wieder einmal ein wichtiges Projekt übernimmt und nach vorne bringt, als diejenige, der man den tadellosen Zustand der Kaffeeküche verdankt.

Gut ist nicht gut genug – oder wie sich die Rolle »Fleißiges Lieschen« ablegen lässt

Sich von der Rolle als »Fleißiges Lieschen« zu verabschieden, wird nicht von heute auf morgen klappen. Und vielleicht wollen Sie ja auch einen Teil der Rolle behalten? Aber Sie können sich Schritt für Schritt aus dieser Rolle entfernen. Seien Sie dabei nicht zu streng mit sich, wenn Sie wieder rückfällig werden und es wieder einmal nicht geschafft haben, »Nein« zu sagen. Dieses Spiel bietet immer wieder neue Möglichkeiten zu reagieren und zu agieren, und dann klappt es vielleicht beim nächsten Mal nach der Devise »Neues Spiel, neues Glück«. Diese vier Schritte helfen dabei:

Erster Schritt: Erkenntnis

Erkennen Sie, was Sie als »Fleißiges Lieschen« leisten. Sind Sie diejenige, die immer das Geld für den Blumenstrauß für den Geburtstag der Chefin einsammelt? Schreiben Sie regelmäßig das Protokoll bei Besprechungen? Fangen Sie sofort an, im Internet zu surfen, wenn eine Kollegin mit einer Frage kommt und Sie ihr helfen wollen, eine Antwort zu finden?

Zweiter Schritt: Analyse

Verschaffen Sie sich einen Überblick über Ihr Arbeitsvolumen und analysieren Sie Ihre Situation mit Hilfe dieser Leitfragen:

- Was müssen Sie in Ihrem Job leisten?
- Was ist während der vereinbarten Arbeitszeit machbar, was nicht?
- Überlegen Sie genau, was realistischerweise erwartet werden kann. Klar, dass man sich auch über die vereinbarten 20 oder 40 Stunden hinaus für den Job engagiert. Aber wenn Sie nur noch rotieren, ist es definitiv zu viel.
- Haben Sie Zeit, sich gründlich auf wichtige Besprechungen vorzubereiten (gute Fragen überlegen, alternative Lösungsvorschläge erarbeiten, etc.)?
- Überlegen Sie genau, welche Tätigkeiten Sie machen müssen und welche Sie machen wollen – auch, um sich zu profilieren.
- Und wo sind Sie einfach nur fleißig, obwohl es ganz wenig bringt?
- Inwieweit ist die »Fleißige-Lieschen-Rolle« für Ihr eigenes moralisch sauberes Selbstbild nötig?
- Können Sie diese Rolle durch andere Persönlichkeitsfacetten ergänzen?

Wenn diese Fragen allein schwer zu klären sind, lohnt es sich, Geld für einige Coachingstunden zu investieren, um für sich selbst einen gangbaren Weg herauszufinden. Denn wer will schon das kalte, berechnende Karriereluder sein, das die anderen rackern lässt, während es selbst cool die Fäden spinnt.

In diesem Bild werden sich trotz aller modischen Bestrebungen, dem Wort Zicke ein positives Image zu geben, die wenigsten Frauen wiederfinden. Ein Patentrezept gibt es nicht. Finden Sie Ihre persönliche Antwort darauf, wie Sie einen ordentlichen und guten Job machen können, ohne unendlich viel zu rackern. Und wie Sie es in Ihr Selbstbild positiv einbauen können, jemand zu sein, der trotz großen Engagements in der Sache fähig ist, über den eigenen Tellerrand hinauszuschauen und die eigene Zeitplanung so zu managen, dass Zeit bleibt, die strategische Jobrolle zu pflegen.

Dritter Schritt: Trennen

Denken Sie konsequent darüber nach, welche Arbeiten jemand anders im Team übernehmen kann. Wenn das nicht möglich ist – vielleicht gibt es auch Arbeiten, die gar nicht gemacht werden müssen? Zum Beispiel, weil es reicht, die Dinge hundertprozentig zu erledigen und 185 Prozent Leistung gar nicht nötig sind. Denken Sie einmal darüber nach, dass das, was über hundert Prozent hinausgeht, auch gar nicht messbar ist. Verabschieden Sie sich also von dem Selbstbild, dass Sie nur in Ordnung sind, wenn Sie alles perfekt machen.

Vierter Schritt: Ändern

Es hilft nichts, dass Sie wieder und wieder lesen, Sie müssten ganz viel netzwerken und sich jede Menge Verbündete suchen, wenn Sie dann in Ihren Terminkalender schauen und sich denken: »Da habe ich gar keine Zeit dazu«. Das ist einer der größten Jobirrtümer von Frauen überhaupt. Diese Zeit müssen Sie sich nehmen – überlegen Sie strategisch gut, wo sie herkommen soll. »Aber ich schaffe meinen Job doch sowieso nur mit Mühe neben der Betreuung meiner Kinder«, werden viele von Ihnen sagen. Doch auch als Mutter müssen Sie sich überlegen, wie Sie ihr Zeitkontingent innerhalb des Jobs sinnvoll so aufteilen, dass Sie strategische Ziele pflegen können. Auch Sie brauchen Zeit für informelle Gespräche und den Aufbau tragfähiger Jobbeziehungen. Zum anderen sollten Sie überlegen, wie Sie sich privat entlasten können. Ob zum Beispiel Ihr Partner einmal die Woche auf die Kinder aufpasst, damit Sie beispielsweise eine mehrtägige Tagung besuchen oder sich mit den Kollegen zum Badmintonspielen verabreden können. Aktiv Zeit für Selbst-PR, Networking und das Suchen von Verbündeten zu reservieren und zu investieren, sollten Sie als genuinen Teil Ihrer eigenen Job-Description ansehen, egal, ob sie Kinder haben oder nicht.

Und dann werden Sie eine verblüffende Erfahrung machen. Nachdem Sie intensiv Zeit in die Pflege von Beziehungen investiert, konsequent Selbst-PR betrieben, intensiv genetworkt und Verbündete gefunden haben, wird sich nach und nach der Erfolg einstellen. Jahrelang hat es Sie viel, viel Zeit und Pflege gekostet, um dieses Netz aufzubauen, ohne dass Sie zwischendurch das Gefühl gehabt hätten, sehr viel weiter gekommen zu sein. Und plötzlich amortisiert es sich, weil nun bestimmte Dinge ganz einfach sind. Zum Beispiel, weil es Sie sehr viel weniger Zeit kostet, an bestimmte Infos zu gelangen, weil Sie einfach wissen, wen Sie auf informelle Art und Weise schnell mal zwischendurch fragen können. Und, was gerade in sehr unsicheren wirtschaftlichen Zeiten wichtig ist, es vermindert das Abhängigkeitsgefühl von einer bestimmten Position, weil Sie im Fall des Falles einfach Anlaufstellen haben, die Ihnen vielleicht weiterhelfen können. Es ist nicht Zauberei und auch nicht die große Männerweltverschwörung, dass Männer, die ihren Job verloren haben, scheinbar relativ einfach bald wieder einen neuen finden. Diese Männer haben jahrelang Zeit in Networking investiert. So wie Sie bei einer Existenzgründung mit drei bis fünf Jahren rechnen müssen, bis sich zeigt, ob Ihr Unternehmen auf sicheren Füßen steht, so müssen Sie auch bei der strategischen Positions- und Jobpflege mit mehreren Jahren rechnen, bis sich ein tragfähiges Netz entwickelt hat.

> Das Engagement in Netzwerke und Verbündete zeigt manchmal erst nach Jahren positive Ergebnisse.

9. MÄNNER ERTRAGEN KEINEN GESICHTSVERLUST

Wer mit asiatischen Geschäftspartnern zu tun hat, lernt schnell, dass man auf jeden Fall vermeiden sollte, sie bloßzustellen. Verglichen mit der relativ direkten Art des Umgangs bei uns, ist es in Asien üblich, eher indirekt zu kommunizieren. Übersehen sollte man bei dieser Regel fürs internationale Businessverhalten aber nicht, dass auch bei uns keiner gern das Gesicht verliert – aber für Männer scheint es trotzdem schlimmer zu sein als für Frauen. Kein Wunder, schließlich arbeiten Frauen oft selbst daran, ihr Gesicht zu verlieren. Der Grund: Unter Frauen dient die Kultur des Sich-selbst- klein-Machens dazu, eine gemeinsame Sympathieebene zu etablieren. Das Schema: Eine Frau erzählt von einem Missgeschick und dass sie etwas nicht besonders gut kann, und die Gesprächspartnerin »trumpft« geradezu damit auf, was ihr gerade aufgrund eigenen Unvermögens widerfahren ist. Unter Frauen herrscht ein hoher demokratischer Anspruch. Es gilt: Alle sind gleich und wehe, eine hebt sich hervor. Führung im hierarchischen Sinn ist nicht vorgesehen. Im positiven Sinn ist dieses nicht-hierarchische Denken eine große Stärke der Frauen, weil es viel sachbezogeneres Arbeiten ermöglicht. Innerhalb von Hierarchien hat dieses Verhalten große Nachteile, insbesondere, was den Umgang mit Kritik vor Zeugen angeht.

Jeder wird lieber gelobt als kritisiert. Und auch für Frauen ist es unangenehm, vor einer größeren Runde kritisiert zu werden. Für sie ist es jedoch nicht in dem Maße mit der Angst vor Bloßstellung und Statusverlust verbunden wie bei Männern. Wenn Macht und Hierarchie das zentrale Bezugssystem darstellen, dann empfindet ein Mann Kritik zwangsläufig nicht in erster Linie als sachlichen Input, sondern als Infragestellen seiner Position in der Rangordnung. Und dagegen muss er sich mit aller Macht wehren, wenn er seine

Stellung behalten will. Die Angst vor dem Positionsverlust ist auch der Grund dafür, dass Männer im Job möglichst niemals freiwillig einen Fehler zugeben.

In großer Runde jemanden vor allen kritisieren, das darf nach dem männlichen Businesscode nur der »Big Boss«. Gleichzeitig ist aber klar, dass der Kritisierte damit degradiert ist. Und Achtung: Sein Gesicht kann ein Mann auch unter vier Augen verlieren. Da Frauen nicht in denselben Hierarchiekategorien denken, sind ihnen diese Probleme oft nicht bewusst. Deshalb sensibilisieren Sie sich und reagieren Sie strategisch klug.

Wie Frauen **clever** ihre Meinung **vertreten** und Männern ihr Gesicht lassen

Männern keinen Gesichtsverlust zufügen zu wollen, heißt nicht, sich so weit zurückzunehmen, die eigene Meinung nicht mehr zu äußern. Aber die folgenden Punkte sollten Sie dabei beachten:

Ihre Vorgesetzten regelmäßig informieren

Zeigen Sie Loyalität Ihren Vorgesetzten gegenüber. Bringen Sie Ihre Chefs nicht in die missliche Lage, dass Dritte mehr über Ihre Jobdetails wissen als sie selbst. Das mögen übrigens auch weibliche Führungskräfte nicht besonders gern. Übergehen Sie Ihre Vorgesetzten nicht, sondern zeigen Sie Loyalität und informieren Sie sie regelmäßig.

Sie haben Ihren Vorgesetzten gegenüber eine »Bringschuld« – das vergessen viele Frauen.

Keine direkte Konfrontation

»Signalisieren Sie nie, dass Ihr Gegenüber sich irrt – weder ausdrücklich noch indirekt durch Ihren Tonfall«, warnt Karriereexperte Jürgen Lürssen. Besonders gefährlich seien solche Situationen, in denen Sie fest davon überzeugt sind, Sie wüssten besser Bescheid und hätten die besseren Argumente. Der Grund: Dadurch werde man leicht übereifrig und ungeduldig. Und wenn man dem anderen erst einmal gesagt hat, dass er etwas ganz falsch sieht, hat man ihn schon gegen sich aufgebracht.

So wunderte sich eine Sachbearbeiterin in einem Medienunternehmen, die sich zur Betriebsrätin hatte wählen lassen, dass sie plötzlich bei ihrem Vorgesetzten keinen Fuß mehr auf den Boden bekam. Dabei war sie so stolz darauf gewesen, dass sie ihrem Vorgesetzten einen Fehler nachweisen konnte. Er hatte nämlich einen Kollegen falsch eingestuft und diesem zu wenig Gehalt bezahlt. Dass ihr Chef sie anschließend von wichtigen Infos ausschloss und sie drangsalierte, konnte sie überhaupt nicht verstehen: »Wieso, ich hatte doch Recht!« Tja, das ist nur leider unerheblich, wenn man gegen wichtige Spielregeln verstößt. Sie hatte nicht nur gegen die Regel »Verantwortung für die Sache und fürs Unternehmen zu übernehmen« verstoßen, sondern zusätzlich auch noch gegen die Regel, dass Gesichtsverlust bei Männern unbedingt zu vermeiden ist.

Tipp

Zur Vermeidung von direkter Konfrontation

Wenn Sie merken, dass das Verhältnis zu Ihren Vorgesetzten nicht in Ordnung ist, hilft es nicht, wenn Sie sich innerlich auf die moralische Position zurückziehen, dass Sie Recht haben. Auch, wenn es Ihnen noch so unangenehm ist, Sie müssen das Gespräch mit Ihrem Chef oder Ihrer Chefin suchen und nachfragen, ob es ein Problem gibt und worin es liegt.

Auch die 39-jährige Wirtschaftsingenieurin Silke Bohnstedt-Wieland, heute Abteilungsleiterin bei einem weltweit agierenden Pharmaunternehmen, ging früher öfters auf Konfrontationskurs. Ihre damalige Haltung: »Ich war störrisch, wenn ich gefragt wurde.« Bat ihr Vorgesetzter bei der internationalen Unternehmensberatung, bei der sie damals angestellt war, sie zum Beispiel, eine bestimmte Arbeitsgruppe zu übernehmen, lehnte sie das auch schon mal ab. Obwohl sie genau spürte, dass das den Chef nicht freute. Als die Beratungsfirma übernommen wurde, sollten die Mitarbeiter neue, geänderte Verträge unterschreiben, womit viele nicht einverstanden waren. Bei einem Meeting mit dem Geschäftsführer sollte noch einmal über die Verträge gesprochen werden. Trotz des großen Protestes im Team muckte plötzlich bis auf drei Personen – Silke Bohnstedt-Wieland war eine davon – niemand mehr gegen die neuen Verträge auf. Bohnstedt-Wieland und die beiden Kollegen waren plötzlich die Einzigen, die vor der gesamten Runde mit ihrer Haltung in Opposition zum Geschäftsführer gingen. Bohnstedt-Wieland unterschrieb den neuen Vertrag nicht, arbeitete auf Basis des alten weiter – und wurde in den drei Jahren, in denen sie noch blieb, entgegen der herrschenden Firmengebräuche kein einziges Mal mehr befördert. Die Folge: Sie zog sich zurück, achtete nur darauf, dass es in ihrem Team okay lief, schaute nicht mehr nach links und rechts im Unternehmen und betrieb auch keinerlei Selbstmarketing. Um wieder guten Kontakt zur Geschäftsführung herzustellen und sich außerdem auch aufstiegswillig zu präsentieren, wäre es vorteilhafter gewesen, gerade jetzt Engagement fürs Unternehmen – auch über das eigene Team hinaus – zu zeigen.

Vorsicht bei Feedback

Über die fehlende Emotion in Diskussionen und über die Scheu vor Konflikten wunderte sich Managerin Lydia Lux-Schmitt anfangs: »Wie in der Politik kann drei Stunden lang mit vielen Worten nichts gesagt werden. Ich fragte mich schon, warum man seine Meinung nicht einfach sagen kann, sondern warum sich die Männer nur mit verbalen Wattebäuschchen bewerfen.« Doch die strategische Überlegung, lieber die eigene Position zu sichern, anstatt sie durch klare Worte zu gefährden, hat manchmal einen höheren Stellenwert als ein ehrliches Feedback, das sowohl der Sache als auch der Person dienen könnte.

Kritik richtig vorbringen

Sie müssen Ihre Kritik nicht für sich behalten, aber Sie vergeben sich nichts, wenn Sie sie statt in großer Runde vor versammelter Mannschaft später vorsichtig bei einem Vier-Augen-Gespräch anbringen. Beachten Sie dabei, dass Ihr Chef oder Kollege auch Ihnen gegenüber nicht sein Gesicht verliert. Also zwingen Sie ihn gar nicht erst, sich Ihnen gegenüber zu verteidigen.

Peter Friederichs, Vorsitzender des Münchner Human Capital Clubs, weiß: »Es gibt junge, intelligente Frauen, die ihrem Chef gerne die volle Wahrheit sagen.« Die Reaktion: Der Chef sagt dann vielleicht, »Sie sind zu emotional« (was auch eine Art der Verteidigung ist). Dabei ist nach Friederichs oft das Gegenteil der Fall: Die Mitarbeiterin ist nicht emotional, sondern supersachlich und kritisiert inhaltlich richtige Tatsachen, doch dem Chef ist das peinlich, er möchte das nicht hören, sondern einfach nur gelobt werden.

Vorgesetzte kann man nicht ändern

Wenn Sie Ihren Chef als inkompetent empfinden und Sie sich darüber ärgern, weil Sie etwa einen Teil seiner Arbeit übernommen haben, hilft es gar nichts, ihn aus diesem Groll heraus zu kritisieren. Er wird das als Angriff empfinden, sich darüber ärgern und sich so gut wie möglich verteidigen. Gewonnen haben Sie dabei nur, weil Sie sich moralisch auf die Schulter klopfen können, dass Sie ihm gesagt haben, dass es so nicht geht.

Spielen Sie stattdessen verschiedene Alternativen durch. Überlegen Sie, ob Sie sich einen neuen Bereich schaffen können. Suchen Sie sich eine neue Nische. Vielleicht wird dann, wie bei Katja Mohrhusen, sogar eine neue Abteilung geschaffen, die Sie leiten können. Oder Sie wechseln die Abteilung. Oder vielleicht das Unternehmen. Das geht alles nicht? Checken Sie, welche Möglichkeiten die Situation bietet. Zum Beispiel, dass Sie sich auf Ihrer Position sehr gut weiterentwickeln können, weil Sie so viele »Chef«-Aufgaben übernommen haben. Außerdem sollten Sie überdenken, ob Sie nicht in der Falle stecken, dass Sie in Bezug auf Ihren Vorgesetzten ständig denken: »Ich bin okay, du bist nicht okay!« Wenn Sie bei sich ein solches Muster der Abwertung feststellen, ist es sinnvoll, in einem Coachingprozess zu erarbeiten, warum das so ist und wie Sie zu einer neuen Haltung gelangen können, so dass Sie Ihr Gegenüber zumindest als Person wertschätzen und würdigen können.

Sie sollten Ihr Gegenüber wertschätzen und würdigen, nicht lieben oder mögen.

Es scheint, als ob viele Frauen die Gepflogenheit, ihren Lebenspartner noch erziehen zu wollen, auf den Job übertragen und ihren Vorgesetzten erziehen wollen. Dass diesen das meist ebenso wenig wie im Privatleben gefällt, ist kaum verwunderlich. Und ebenso wie im Privatleben funktioniert dieses Vorgehen auch im Arbeitsleben nicht.

»Ratschläge sind auch Schläge«

Diese psychologische Wahrheit zielt darauf ab, dass Männer meist nur dann offen für Hilfestellung sind, wenn sie ausdrücklich um Rat fragen und ansonsten den gut gemeinten Ratschlag als Kritik empfinden. Die Logik dahinter: Wenn Autonomie und Kompetenz das männliche Selbstbild bestimmen, muss ein Ratschlag einen »Angriff« und das Unterstellen von Inkompetenz bedeuten. Interessant ist es in diesem Zusammenhang, einen symbolischen Blick auf das zumindest in Europa männlichste aller Spiele, den Fußball zu werfen. So antwortete Trainer Rudi Völler auf die Frage von Sportjournalisten, ob bei hohem Leistungsdruck psychologischer Rat von außen gesucht werden müsse: »Glauben Sie es, das ist Kokolores.«

Dem Vorgesetzten noch Spielraum lassen

»Machen Sie mal, wie Sie meinen«, sagte der Verlagsleiter zu Sabine Braun, seiner Assistentin. »Ich kann ja nicht so gut Englisch wie Sie«, sagte er noch. Also machte sie, schrieb seine Vorlagen in perfektes Englisch um, die er nur noch zu unterschreiben brauchte. Eines Tages sagte er dann vor einer größeren Runde zu ihr: »Sie meinen ja sowieso, dass Sie perfekt Englisch können.« Sabine Braun war wie vor den Kopf geschlagen, konnte aber vor der Gruppe nichts entgegnen. Was sollte das? Sie hatte immer darauf gewartet, dass der Verlagsleiter sie mal lobte. Auf jeden Fall war sie der Meinung, dass er es doch sehr schätzen müsste, dass sie so gut Englisch konnte, dass er froh sein müsste, von ihren Fähigkeiten profitieren zu können. Doch sie begriff: Offensichtlich fühlte er sich davon und wohl auch von ihrem Vorgehen irgendwie degradiert. Das konnte sie zwar nicht nachvollziehen: »Wieso maß er dem so eine Wichtigkeit bei, dass er das nötig hatte?« Aber sie änderte ihre Strategie. Von da an ging sie mit einem »Entwurf« zu ihm. Sie fragte, ob er so in Ordnung sei, bevor sie ihm den fertigen Brief zur Unterschrift präsentierte. Und sie hatte noch eines für sich gelernt: »Du darfst keinen Mann wörtlich nehmen.«

Männern ihr Spielzeug lassen

Klassisches Beispiel, das Professor Wottawa erlebt und das für ihn Symbolcharakter hat: Ein Vorgesetzter erzählt, dass er sich eine Stereoanlage einer der Topmarken gekauft hat. Tja, sagt seine Mitarbeiterin, vom Design seien die ja wirklich führend, aber technisch doch nicht so perfekt und eigentlich nicht dem Standard entsprechend, den man fürs Geld erwarten könnte. Wottawas Kommentar: »Sachlich stimmt das, aber das ist wieder typisch Frau. Das ist wirklich sehr unwahrscheinlich, dass ein Mann so reagiert.« Die Mitarbeiterin hatte vermutlich nur »ganz sachlich« versucht, ihr Wissen über Stereoanlagen zu präsentieren. In Wirklichkeit hatte sie aber ihrem Vorgesetzten damit sein neues Spielzeug madig gemacht.

Von weiblichen Fähigkeiten **profitieren**

Die Erwartung, dass Frauen nicht um Macht und Stellung konkurrieren, eröffnet ihnen im Job zwischenmenschliche Perspektiven, die vielen Männern vorenthalten sind. Die »weibliche Gefühlsbetontheit« erlaubt einer Frau, ihren Mitarbeitern gegenüber Zuwendung zu zeigen und deren Arbeit nicht nur inhaltlich-sachlich, sondern auch ganzheitlich-emotional zu würdigen. Das bringt ihr die Sympathie der Mitarbeiter ein. Auf diese Weise kann eine Frau auch besser Konfliktsituationen meistern und negative Kritik für die Betroffenen verträglicher vermitteln. Vorsicht ist allerdings geboten mit Einsichten, die der weiblichen Intuition und der Fähigkeit, Charaktere und Situationen zu deuten, zu verdanken sind. Einsichten dieser Art sollten Frauen nur sparsam äußern, denn es besteht die Gefahr, dass sie Mitarbeiter bloßstellen oder sich selbst lächerlich machen.

> **Ulrike Schlüter** fällt dazu ein: »Am Anfang meiner beruflichen Laufbahn war ich immer nur sachlich orientiert. Inzwischen habe ich gelernt, dass die Psychologie 70 bis 80 Prozent des Jobs ausmacht.« Die Chefredakteurin empfiehlt, sich sowohl für Verhandlungen mit Vorgesetzten als auch für Gespräche mit Kollegen oder Mitarbeitern die asiatische Kampfsportart Aikido zum Vorbild zu nehmen: »Ich greife die Energie meines Gegners auf und nutze sie für mich.« Die Grundregel dabei lautet: Wertschätzung zeigen.

Damit der Gesprächspartner sein Gesicht wahren kann, empfiehlt Ulrike Schlüter folgendes Vorgehen:

So kann Ihr Gegenüber sein Gesicht wahren:

- Bestätigen Sie lobend, was der andere gesagt hat: »Das ist ein sehr interessanter Vorschlag.«
- Loben Sie bei harten Verhandlungen im Einzelnen die Vorteile dieses Vorschlags.
- Sagen Sie dann mit weiblicher Zurückhaltung vorsichtig: »Ich spinne jetzt mal rum, aber ich sehe ein winzig kleines Risiko bei dieser Art des Vorgehens.« Diese vorsichtige Aussage öffnet den anderen dafür, sich einen anderen Vorschlag anzuhören.
- Dann präsentieren Sie ganz sachlich, ohne Emotion, den Einwand, den Sie haben.

Dienstleistung für Vorgesetzte
Angebote machen
und wählen lassen

Sie stellen sicher, dass Ihr Gegenüber sein Gesicht nicht verliert, wenn Sie ihm die Wahl zwischen verschiedenen Entscheidungsmöglichkeiten lassen. Fragen Sie Ihren Chef, was er von Ihrem Einwand hält – ohne, dass Sie selbst davon überzeugt sind, dass Sie die Wahrheit für sich gepachtet haben. Sie könnten etwa sagen: »Ich bin mir nicht ganz sicher, aber könnte es sein, dass hier die Gefahr liegt ...«

Dann hat Ihr Vorgesetzter mehrere Möglichkeiten zu antworten. Beispielsweise so:

- »Das ist ein sehr interessanter Einwand, da müssen wir uns mit beschäftigen.«
- »Da ist zwar etwas dran, aber das ist für uns nicht relevant. Da brauchen wir uns nicht weiter mit zu beschäftigen.«
- »Ihre Ansicht ist aus den und den Gründen verkehrt.«

Der Vorteil dieser Vorgehensweise liegt darin, dass der Chef immer die Möglichkeit hat, den Ratschlag beziehungsweise die Kritik zurückzuweisen. Außerdem hat er mehrere Möglichkeiten zu antworten und fühlt sich deshalb nicht in die Ecke gedrängt. Und er kann andererseits beruhigt sein, dass seine Mitarbeiterin mitdenkt. In diesem Punkt steckt die große Chance, sich mit gut vorbereiteter und psychologisch gut vorgebrachter Kritik zu profilieren. Um Gesichtsverlust zu vermeiden und männliche Chefs zu motivieren, sollten Sie ein Überzeugungskonzept vorbereiten, das sowohl eine sachliche als auch eine psychologische Überzeugungsebene beinhaltet.

Tipp

Empfehlenswertes Überzeugungskonzept

Sachliche Überzeugungsebene:

- Problemlösung durchdenken.
- Schwachstellen herausfinden.
- Zwei bis drei Lösungsalternativen erarbeiten.
- Sich für eine Lösung entscheiden.

Psychologische Überzeugungsebene:
- Die aus der eigenen Sicht beste Lösung präsentieren und mit guten Argumenten stützen (»Ich bin der Ansicht, dass ...«).
- Ein oder zwei Lösungsalternativen kurz ansprechen und erklären, was dagegen spricht.
- Zur Diskussion über den Vorschlag auffordern.

Wichtig ist dabei, dass Sie nicht die Ideen Ihres Chefs angreifen, sondern auch sprachlich bei sich bleiben und »Ich-Botschaften« benutzen, die Sie zur Diskussion stellen. Ihr Vorteil dabei ist, dass Sie durch Ihre Vorbereitung für die von Ihnen favorisierte Lösung bereits gute Argumente haben, die erst einmal widerlegt werden müssen. Wichtig ist auch hier, dass Sie Ihren Kritikversuch nicht zu verbissen verfolgen, sondern spielerisch nach dem Motto »Mal sehen, ob ich meinen Chef überzeugen kann«. Wenn Sie locker bleiben und den anderen zeigen, dass Sie souverän damit umgehen können, falls Ihr Vorschlag abgelehnt wird, ist das für alle Beteiligten angenehmer, und Sie nehmen viel Druck aus der ganzen Besprechung. Wenn Sie sich nicht in die Ecke gedrängt fühlen, fällt es den anderen Teilnehmern leichter, wohlwollend anzuerkennen, dass Sie sich Gedanken gemacht haben.

Um zu vermeiden, dass Sie selbst das Gesicht verlieren, ist es sinnvoll, vor der Besprechung bereits bei einigen Teilnehmern ein Stimmungsbild zu erforschen und vielleicht auch schon etwas Werbung für die eigenen Ideen zu machen. Sollte die Stimmung in Bezug auf die Punkte, die Sie ansprechen wollten, sehr negativ sein, ist es unter Umständen ratsam, das Ansprechen der kritischen Details noch einmal zu verschieben. Suchen Sie dann lieber weitere Verbündete, die Sie bei einer späteren Besprechung unterstützen.

Achtung: Durch **Gesichtsverlust** machen Sie sich Feinde!

Bei einigen Spielregeln ist es so, dass man einfach nur nicht weiterkommt, wenn man nicht mitspielt. Das Gefährliche bei der Gesichtsverlustregel ist, dass man sich Männer richtiggehend zu Feinden machen kann. So wies eine von zwei Frauen in einer Unternehmensberatung mit rund 15 Mitarbeitern ihrem Kollegen in einer Konferenz mit allen Mitarbeitern einen Fehler nach – »natürlich ganz sachlich«, versteht sich von selbst. Was sie nicht versteht, ist, dass sie plötzlich einen Todfeind in der Firma hat. Der Kollege gibt ihr keine Infos mehr, er schneidet sie und er kritisiert sie heftigst bei jeder sich bietenden Gelegenheit – nicht gerade gut für ihr Standing. Das bedeutet, dass Sie, wenn Sie gegen diese Spielregeln verstoßen, nicht nur nicht weiterkommen, sondern unter Umständen sogar Ihre eigene Position gefährden.

10. MÄNNER GEBEN NICHT ZU, DASS SIE ETWAS NICHT VERSTEHEN

Warum fragen Männer nicht nach dem Weg, wenn sie mit dem Auto unterwegs sind und sich verfahren haben? Für Frauen ist das unverständlich, aber der Grund liegt auf der Hand: Männer wollen nicht zugeben, dass sie etwas nicht wissen oder nicht verstehen. Das könnte ja an ihrer Reputation und ihrem Image kratzen und den Platz in der Rangfolge verschlechtern. Die Möglichkeit, einfach nachzufragen, ist ihnen deshalb verbaut. Dieses Prinzip funktioniert im Privatleben genauso wie im Job. So gilt bei Besprechungen und Präsentationen: Wenn keine Nachfragen kommen, bedeutet das nicht, dass

Ihr männliches Gegenüber Sie auch verstanden hat. Unabhängig davon, dass dem männlichen Gesprächspartner eventuell Sachinfos fehlen und er deshalb nicht verstehen kann, was Sie sagen, gibt es noch einen anderen möglichen Grund: den völlig anderen Blickwinkel Ihres Gesprächspartners. »Frauen sind vielschichtiger gestrickt als Männer und drücken sich deshalb kompliziert aus. Dabei ist für Männer die Reduktion auf das Wesentliche wichtig, sie denken nicht in die Breite, sondern fokussieren das Problem«, hat Jana Meissner, Vertriebsmitarbeiterin bei einem Automobilkonzern, festgestellt. Das Autorenduo Pease betont die unterschiedliche Satzstruktur von Männern und Frauen: »Die Sätze eines Mannes sind kürzer und klarer strukturiert als die einer Frau. Der Satzbeginn ist in der Regel unkompliziert, die Aussage klar, und am Ende gibt es eine Schlussfolgerung.« Einem Mann könne man meist leicht bei seinen Ausführungen folgen. Wenn Frauen jedoch mit einem Mann reden und mehrere Themen ineinander verflechten, werde der Mann bald ratlos sein und das Interesse am Gespräch verlieren.

Wie Frauen es **clever** schaffen, dass Männer sie **verstehen**

Damit es Ihnen gelingt, Ihre Message rüberzubringen, sollten Sie sich an ein paar einfache, aber wirkungsvolle Regeln halten. Der Leitgedanke dabei ist, alle Situationen zu vermeiden, in denen Nachfragen nötig wären.

Alles vereinfachen

Wenn sie einen Mann überzeugen wollen, dürfen Frauen nie vergessen, dass sie nur einen klaren Gedanken oder ein klares Konzept auf einmal auf den Tisch bringen sollten. Vereinfachen Sie alles und reduzieren Sie komplexe Sachverhalte auf das Wesentliche. Stellen Sie zum Beispiel bei Präsentationen ein ganz klares Konzept vor, das sich selbst erklärt. Überlegen Sie sich vor der Besprechung oder Präsentation, wie Sie Ihre Message in einem Satz zusammenfassen können. Fragen Sie sich selbst immer wieder: Was ist meine Botschaft? Dadurch bekommen Sie selbst Klarheit. Auch Führungskraft Katja Mohrhusen weiß: »Wichtig ist, alles ganz simpel zu erklären. Ich sage meinen Mitarbeitern: › Erklären Sie es so wie einem Kind, dann ist es richtig.‹ «

Zu Treffen mit dem für ihren Bereich zuständigen Vorstandsmitglied geht sie nur top vorbereitet. Alles Wichtige hat sie als Handout dabei. Multi-Tasking ist dabei tabu: Sie konzentriert sich bewusst ganz auf die Sache, die sie besprechen will.

Männliche Satzstruktur benutzen

Wenn man einer gemischten Gruppe den eigenen Standpunkt erklären will, sollte man sicherheitshalber die männliche Satzstruktur mit kurzen, klaren Sätzen wählen, um die Kernaussagen zu erläutern.

Falsche Sicherheit durch nickende Frauen

Lassen Sie sich nicht davon täuschen, wenn die Frauen in Ihrem Publikum zustimmend nicken. Das heißt nicht, dass die Männer Sie nicht verstanden haben.

Smartes Vorgehen bei Präsentationen

Notieren Sie vorher die Argumente, mit denen Sie Ihre Strategie begründen. Bauen Sie in Ihre Präsentation auch Wiederholungen ein. Und vor allem holen Sie während der Präsentation immer wieder die Bestätigung Ihrer Zuhörer ein, dass Sie Ihnen bis dahin gefolgt sind. Zum Beispiel, indem Sie sie zur Mitarbeit anregen und Fragen stellen wie etwa:

- Wie beurteilen Sie das?
- Wünschen Sie noch weitere Infos?
- Soll ich meinen Vorschlag noch weiter begründen?
- Möchten Sie noch weitere Argumente hören oder sollen wir erst einmal über das bisher Gesagte diskutieren?

Erwarten Sie nicht sofortige Zustimmung Ihrer Präsentation. Wenn aus Ihrer Sicht zu wenig Reaktion kommt und Sie den Eindruck haben, dass die Teilnehmer Ihre Argumentation eventuell noch nicht verstanden haben, machen Sie nicht den Fehler, immer noch mehr Argumente zu bringen, sondern kehren Sie zunächst an den Ausgangspunkt Ihrer Ausführungen zurück und stellen Sie erst einmal sicher, dass alle die Grundgedanken nachvollziehen können. Vergessen Sie nicht: Nur, wenn die Männer Sie verstehen, werden sie Ihnen zustimmen.

Schluss- bemerkung

Sich selbst und die Spielregeln ändern

Die Liste der Spielregeln ließe sich natürlich noch weiterschreiben, vervollständigen, differenzieren. Wichtig ist jedoch nicht das einzelne Detail, sondern dass Sie Ihre Haltung ändern. Seien Sie bereit, nach Spielregeln Ausschau zu halten. Werden Sie zur Pfadfinderin auf fremdem Terrain, erkunden Sie die Regeln und die damit verbundenen Pfade und überlegen Sie, welchen davon Sie folgen wollen. Nützliche Hilfsmittel sind dabei Forscherblick, Sportsgeist und Spielbereitschaft. Wenn Sie sich auf die Reise gemacht haben, werden Sie feststellen, dass es an der einen oder anderen Stelle für Sie sinnvoll sein könnte, Ihr Verhalten im Job zu ändern und neues Verhalten einzuüben, um clever mitzuspielen.

ACHTUNG: WAS IST WICHTIG BEI VERÄNDERUNGSPROZESSEN?

Jenseits unrealistischer Versprechen unseriöser Motivationstrainer gilt immer noch: Veränderung braucht ihre Zeit. Ursula Nuber, Chefredakteurin der Zeitschrift *Psychologie heute*, hat sich intensiv mit dem Stand der Forschung zu diesem Thema auseinandergesetzt. Sie stellt fest: »Fünf bis sechs Anläufe sind im Schnitt notwendig, bis man sein Ziel erreicht hat.« Veränderung ist harte Arbeit, aber viele seien überzeugt, sie könnten allein mit Willenskraft zum Ziel kommen. Die amerikanischen Experten sprechen dann vom »False-Hope-Syndrome«, das zu überzogenen Erwartungen verleitet und für bereits erfolgreich erreichte kleinere Zwischenschritte blind macht. Hilfestellung bietet dagegen das »Transtheoretische Modell« – ebenfalls ein Import aus den USA. In sechs praktischen Schritten bildet es ein Grundgerüst für die verschiedenen Stadien, die man während eines Veränderungsprozesses durchläuft:

1. Stufe: Abwehren
2. Stufe: Bewusstwerden
3. Stufe: Vorbereiten
4. Stufe: Handeln
5. Stufe: Dranbleiben
6. Stufe: Stabilisieren

Wenn Sie sich entscheiden, Ihr Verhalten so zu ändern, dass Sie die Spielregeln im Job clever nutzen, könnte das – Stufe für Stufe – folgendermaßen aussehen:

1. Stufe: Abwehren
Sie tun einfach so, als gäbe es kein Problem und sagen sich: »Was soll das Ganze, im Job gibt's doch keine Unterschiede zwischen männli-

chem und weiblichem Verhalten« oder »Ich habe doch noch nie Probleme mit Männern im Job gehabt.« Diese Aussagen dienen dazu, nicht über das eigene Verhalten nachdenken und es deshalb auch nicht ändern zu müssen. Außerdem ist es natürlich nicht schön, sich damit auseinander setzen zu müssen, im Job in verantwortlichen Positionen immer noch eine Minderheit zu sein.

2. Stufe: Bewusstwerden

In einem zweiten Schritt wird Ihnen das Problem bewusst. Sie sehen klar, dass tatsächlich die Spielregeln im Job oft männlich geprägt sind und dass das Auswirkungen auf das eigene Verhalten und die eigenen Erfolgsmöglichkeiten im Job hat.

3. Stufe: Vorbereiten

Das ist der Schritt hin vom Problem zur Lösung. Sie sind bereit, sich zu verändern, und wissen, welche Schritte Sie unternehmen wollen. Sie haben eine positive Vision von Ihrem neuen beruflichen Selbst, das Sie auf angemessene Art und Weise mit den Spielregeln umgehen lässt. Suchen Sie sich von den Spielregeln diejenigen aus, bei denen Sie selbst das Gefühl haben, sie sind am ehesten ein Knackpunkt für Sie. Suchen Sie diejenigen aus, bei denen es am meisten bringt, wenn Sie Ihr Verhalten ändern. Ursula Nuber empfiehlt, sich folgende motivierenden Fragen zu stellen:

- Worin liegen Ihre Vorteile, wenn Sie sich verändern?
- In welcher Weise wird Ihr Leben bereichert sein?
- Was werden Sie tun?
- Wie werden Sie aussehen?
- Welche Wünsche werden Sie sich erfüllen, wenn Sie Ihr Ziel erreicht haben?

4. Stufe: Handeln

Das gelingt am besten mit einem konkreten Plan. Stellen Sie sich möglichst genau die Jobsituation vor, in der Sie anders reagieren wollen. Und stellen Sie sich dann auch diese Reaktion möglichst genau vor. Wichtig dafür: die Stufe der Vorbereitung. Ohne sie bleibt das neue Verhalten instabil, und es kommt beim Handeln zu Rückfällen.

5. Stufe: Dranbleiben

Jetzt gilt es, die neuen Gewohnheiten im Büro einzuüben, und sich darüber klar zu werden, dass Rückschläge dazugehören. Häufige Gefahren, die das Dranbleiben erschweren, sind sozialer Druck, die Überschätzung der eigenen Willenskraft und die Macht von Stresssituationen. Der Rückfall führt dann wieder auf die Stufe der Bewusstwerdung oder der Vorbereitung. Fast alle, die sich erfolgreich verändern, durchlaufen diesen Zyklus mehrere Male.

6. Stufe: Stabilisieren

Die alten Gewohnheiten sind überwunden, das neue Jobleben nimmt feste Konturen an. Dranbleiben wird zum Dauerzustand – das heißt, sich der Spielregeln im Job bewusst zu sein und sie in die eigenen Überlegungen mit einzubeziehen. Achtung: Die Veränderung kann auch Identitätskrisen auslösen. Wenn Sie zum Beispiel das Risiko eingehen, bei der Verteilung neuer Aufgaben »hier« zu schreien, kann es sein, dass Sie die Aufgabe tatsächlich bekommen. Und anstatt sich über Diskriminierung im Job oder die ominöse undurchdringliche gläserne Decke zu beklagen, die den Aufstieg kompetenter Frauen verhindere, sind Sie dann vollends damit beschäftigt, Ihr neues Projekt gut über die Runden zu bringen. Es wird dann eine Weile dauern, bis Sie die Vorteile der neuen Identität zu schätzen lernen – beispielsweise, dass Sie als Macherin nicht mehr nur das tun müssen, was andere Ihnen sagen. Bedenken Sie, dass der Aufenthalt in einer Art »Zwischenreich« zur Veränderung dazugehört. Die alte Rolle hat man abgelegt, aber in der neuen fühlt man sich nicht sicher, ein Zustand, der nicht leicht auszuhalten ist. Es hilft dann, dass Sie würdigen, was Sie schon alles erreicht haben.

»Alles schön und gut«, können Sie sagen, »aber sollen sich doch erst einmal die Männer ändern. Warum sollen wir nach ihren Regeln spielen und nach ihrer Pfeife tanzen?« Berechtigte Frage. Nur leider werden sich die Männer im Job erst dann ändern und neue Regeln aufstellen, wenn sie selbst ein starkes Interesse daran haben. Das könnte etwa dann der Fall sein, wenn zunehmend qualifizierte Frauen in der Wirtschaft fehlen. Dann müssen sich die Unternehmen stärker als bisher Gedanken machen, wie sie eine Arbeitskultur entwickeln, die mehr als bisher den Frauen gerecht wird. Dann werden Männer in Seminaren mühsam weibliche Kompetenzen lernen. Doch bis das Breitenwirkung zeigt, wird es noch dauern. Denn heutzutage gibt es noch genug qualifizierte männliche Arbeitskräfte, und es fehlt der Leidensdruck. Den haben die Frauen. Anstatt zu versuchen, die anderen, nämlich die Männer zu verändern, ist der Erfolg versprechendere Weg, erst einmal die eigenen Strategien zu ändern. Beziehungsweise überhaupt erst einmal Strategien zu entwickeln. Denn es ist eine alte Weisheit: Man kann nicht einen anderen ändern, nur sich selbst.

Noch einmal: Es geht nicht darum, als weibliches Äffchen sämtliche Regeln zu akzeptieren und sklavisch zu befolgen. Sondern darum, dass Ihnen klar sein sollte, dass es einen Preis kosten könnte, wenn Sie bestimmte Regeln nicht befolgen (wollen). Wenn Sie bereit sind, diesen Preis zu bezahlen: okay. Aber wenn Sie einfach so in Fettnäpfchen treten, weil Sie noch nie über das Problem nachgedacht haben, wäre es schade. Und nur, wenn Sie die Regeln kennen und sie Ihnen bewusst sind, können Sie sie auch mit Hilfe von Verbündeten thematisieren und umformulieren.

Emanzipation heißt in diesem Sinn, Frauenförderung in die eigene Hand zu nehmen und sich dabei nicht von anderen abhängig zu machen. Was können Frauen tun, um die Spielregeln zu ändern? Diese sind zu einem großen Teil eine Sache der Mehrheiten. Wir Frauen können langfristig versuchen, die Spielregeln in der Arbeitswelt zu ändern und neue einzuführen, indem wir einfach mehr werden – im Job ganz allgemein und auch in verantwortlichen Positionen. Das bedeutet, sich immer zu überlegen, wie Sie selbst andere Frauen fördern und unterstützen können. Indem Sie als Personalverantwortliche gezielt Frauen vorschlagen, indem Sie Kolleginnen für bestimmte Positionen empfehlen, indem Sie Kolleginnen in Besprechungen unterstützen, damit diese gut dastehen und weiter gefördert werden. Suchen Sie sich weibliche Verbündete, um dann später die Regeln ändern zu können. Sicher, das wird eine Weile dauern. Trotzdem bin ich davon überzeugt, dass sich in den nächsten Jahren einiges an den Spielregeln im Job ändern wird und mehr Frauen Spielführerinnen werden.

Literatur

Angst, Jules: *Das verletzliche Geschlecht. Der Züricher Psychiatrie-Professor und Leiter der Zürich-Studie im Spiegel-Gespräch.* In: Der Spiegel 36/2001

Austin, Linda: *Nicht aufzuhalten. Der Wegweiser für Frauen auf Erfolgskurs.* Landsberg/Lech 2001

Badinter, Elisabeth: *XY, Die Identität des Mannes.* München 1993

Bierach, Barbara: *Das dämliche Geschlecht. Warum es kaum Frauen im Management gibt.* Weinheim 2002

Bredow, Rafaela von: *Frauen in freier Wildbahn.* In: Der Spiegel 5/1999

Bruhns, Annette; Kaempf, Simone; Rigos, Alexandra; Weingarten, Susanne: *Die heimliche Revolution.* In: Der Spiegel 25/1999

Dobner, Elke: *Wie Frauen führen. Innovation durch weibliche Führung.* Heidelberg 1997

Edding, Cornelia: *Einflussreicher werden. Vorschläge für Frauen.* München 2002

Eidgenössisches Büro für die Gleichstellung von Frau und Mann (Hrsg.): *Frauen auf öffentlichem Parkett. Handbuch für Frauen, die Einfluss nehmen wollen.* Bern, Zürich, Dortmund 1995

Evans, Gail: *Business Games. Spiele wie ein Mann – siege wie eine Frau.* Frankfurt/Main 2001

Faulstich-Wieland, Hannelore: *Kinder werden zu Mädchen und Jungen.* Öffentlicher Vortrag in Luxemburg am 10.05.2001

Faulstich-Wieland, Hannelore: *Bedeutung der Geschlechterrollen in Erziehung und Ausbildung.* Seminar mit zwei Vorträgen in Luxemburg am 11.05.2001

Gerlacher, Christiane; Stumpf, Siegfried: *Macht und Veränderung in Organisationen.* In: Zeitschrift für Transaktionsanalyse 2/2002

Grammer, Karl: *Immer auf der Balz. Ein Essay.* In: Der Spiegel 36/2001

Gray, John: *Männer sind anders, Frauen auch. Männer sind vom Mars. Frauen von der Venus.* München 1998

Guggenbühl, Allan: *Die unheimliche Faszination der Gewalt. Denkanstösse zum Umgang mit Aggression und Brutalität unter Kindern.* Zürich 1993
Hacke, Detlef, Kramer, Jörg: *Verdeckte Betreuung.* In: Der Spiegel 41/2002
Hänsel, Hans-Georg: *Limbic Success! So beherrschen Sie die unbewussten Regeln des Erfolgs – die besten Strategien für Sieger.* Freiburg, Berlin, München 2002
Hof-Glatz, Maria: *Wie küsse ich einen Haifisch, wenn er bellt. Was Frauen wissen müssen, um Erfolg zu haben.* Zürich 2002
Höhler, Gertrud: *Wölfin unter Wölfen. Warum Männer ohne Frauen Fehler machen.* München 2000
Kimura, Doreen: *Sex and Cognition.* Bradford Book 2000
Klingen, Nathali: *Geschlecht und Führungsstruktur. Das Erleben im Gruppenprozess und die Legitimation des Führers in gemischtgeschlechtlichen Gruppen unter Berücksichtigung verschiedener Führungsbedingungen.* Mering 2001
Lürssen, Jürgen: *Die heimlichen Spielregeln der Karriere. Wie Sie die ungeschriebenen Gesetze am Arbeitsplatz für Ihren Erfolg nutzen.* Frankfurt/Main 2001
Maccoby, Eleanor E.: *Psychologie der Geschlechter. Sexuelle Identität in den verschiedenen Lebensphasen.* Stuttgart 2000
Mendell, Adrienne: *Erfolgsstrategien für Frauen im Beruf. Ungeschriebene Spielregeln kennen – männliche Verhaltensweisen verstehen – eigene Wege finden.* München 1997
Nitzsche, Isabel: *Abenteuer Karriere. Ein Survival-Guide für Frauen.* Reinbek 2000
Nitzsche, Isabel: *Erfolgreich durch Konflikte. Wie Frauen im Job Krisen managen.* Reinbek 2001
Nuber, Ursula: *So kann es nicht weitergehen.* In: Psychologie heute 2/2003
Onken, Julia: *Vatermänner. Ein Bericht über die Vater-Tochter-Beziehung und ihren Einfluss auf die Partnerschaft.* München 2000
Pease, Allan; Pease, Barbara: *Warum Männer nicht zuhören und Frauen schlecht einparken. Ganz natürliche Erklärungen für eigentlich unerklärliche Schwächen.* Berlin 2001
Pease, Allan; Pease, Barbara: *Warum Männer lügen und Frauen dauernd Schuhe kaufen.* Berlin 2002
Pinl, Claudia: *Männer lassen arbeiten. 20 faule Tricks, auf die Frauen am Arbeitsplatz hereinfallen.* Frankfurt/Main 2000
Raabe, Peter B.: *Sprechen wie eine Frau. Zuhören wie ein Mann. Über die inter-geschlechtliche Kommunikation in der philosophischen Praxis.* Öffentlicher Vortrag in Berlin im November 2000
Schmerl, Christiane: *Wann werden Weiber zu Hyänen? Weibliche Aggressionen aus psychologisch-feministischer Sicht.* In: Dausien, Bettina u.a. (Hrsg.): *Erkenntnisprojekt Geschlecht.* Opladen 1999, S. 197-215

Tannen, Deborah: *Warum sagen Sie nicht, was Sie meinen? Jobtalk – Wie Sie lernen, am Arbeitsplatz miteinander zu reden.* München 2002
Tannen, Deborah: *Job-Talk. Wie Frauen und Männer am Arbeitsplatz miteinander reden.* München 1995
Topf, Cornelia, Gawrich, Rolf: *Das Führungsbuch für freche Frauen.* München, 2. Aufl. 2002
Walker, Barbara G.: *Das geheime Wissen der Frauen. Ein Lexikon von Barbara G. Walker.* München 1995
Wottawa, Heinrich: *Frauen im Management.* Vortrag 2000

Online

Bölsche, Jochen: Böse Buben, kranke Knaben.
Spiegel Online-Serie am 07., 09. und 11. Oktober 2002
(1) http://www.spiegel.de/unispiegel/wunderbar/0,1518,217197,00.html
(2) http://www.spiegel.de/unispiegel/wunderbar/0,1518,217209,00.html
(3) http://www.spiegel.de/unispiegel/wunderbar/0,1518,217316,00.html

Etzold, Sabine: Auch Frauen sind zu allem fähig. (Die Zeit 46/2001)
http://www.zeit.de/2001/46/Wissen/200146_aggressionen.html

Frenzel, Karolina; Müller, Michael; Sottong, Herman: Bleibt Dornröschen ungeküßt? Eine Storytelling-Studie zum Thema Frauen und Führung, 2001. Als PDF-Download unter: http://www.sys-kom.de/bibliothek/index.php

Danksagung

Für dieses Buch habe ich mit vielen Frauen gesprochen, die ihre persönlichen Erfahrungen im Job mit mir geteilt haben. Dafür möchte ich mich bei ihnen allen ganz herzlich bedanken. Ohne ihre Bereitschaft wäre dieses Buch nicht möglich gewesen. Bedanken möchte ich mich außerdem bei den Expertinnen und Experten, die bereit waren, ihr Wissen mit mir zu teilen und bei meinen journalistischen Kolleginnen und Kollegen, die mir mit Tipps und Infos weitergeholfen haben.

Bei meiner Freundin Sabine Asgodom möchte ich mich dafür bedanken, dass sie mich überhaupt motiviert hat, Bücher zu schreiben.

Außerdem möchte ich Katja Schwarz ganz besonders für die fundierte Mitarbeit bei der Recherche und Materialauswahl für dieses Buch danken.

Und nicht zuletzt möchte ich meinen Eltern Ilse und Hagen Nitzsche und meiner Freundin Silke Weniger für das kompetente und konstruktive Korrekturlesen des Manuskriptes danken.

Netzwerke,
die Sie interessieren könnten

BFBM – Bundesverband der Frauen im freien Beruf und Management
www.bfbm.de
Ziel: Kontakte, Weiterbildung, Gleichberechtigung

BPW – Business und Professional Women
www.bpw-germany.de
www.bpw-europe.org
www.youngbpw-europe.org
Ziel: Kooperation, Förderung, Kontaktpflege und Verständigung

Connecta – Das Frauennetzwerk e.V.
www.frauennetzwerk-connecta.de
Ziel: Berufliche und persönliche Förderung, Hilfe bei der Karriereplanung, Weiterbildung

DAB – Deutscher Akademikerinnenbund e.V.
www.dab-ev.org
Ziel: Förderung von Frauen, Gleichberechtigung in gesellschaftlichen und beruflichen Gremien

Deutsches Gründerinnen Forum e.V.
www.dgfev.de
Ziel: Verbesserung von Ausbildung, Beratung und Finanzierung bei Existenzgründungen von Frauen

EAF – Europäische Akademie für Frauen in Politik und Wirtschaft e.V.
www.eaf-berlin.de

Ziel: Förderung von internationalen Kontakten, Austausch, Gleichberechtigung und Nachwuchs

EWMD – European Women's Management Development Deutschland e.V.
www.ewmd.org
Ziel: Vernetzung und Weiterentwicklung von Frauen in Führungspositionen in Deutschland und Europa

FIM – Vereinigung für Frauen im Management e.V.
www.fim.de
Ziel: Kontaktpflege, Gleichstellung, Akzeptanz von Frauen im Beruf

FiT – Frauen in der Technik e.V.
www.fitev.de
Ziel: Projekte zur Förderung der Frauen in Naturwissenschaft und Technik

Infinitas GmbH
www.infinitas.de
Ziel: Vernetzung von Frauen in der IT-Branche

Journalistinnenbund e.V.
www.journalistinnen.de
Ziel: Vernetzung von Journalistinnen; Frauen in den Medien stärken

NUT – Frauen in Naturwissenschaft und Technik e.V.
www.nut.de
Ziel: Förderung und Unterstützung von Frauen in Naturwissenschaft und Technik; Info-Austausch

SI – Soroptimist International
www.soroptimist.de
Ziel: Verbesserung ethischer Werte, Förderung der internationalen Verständigung

VDU – Verband deutscher Unternehmerinnen e.V.
www.vdu.de
Ziel: Erfahrungsaustausch, politischer Einfluss

Webgrrls
www.webgrrls.de
Ziel: Vernetzung von Frauen in den neuen Medien

Kontaktadresse

Welche Erfahrungen haben Sie mit den Spielregeln im Job gemacht? Wenn Sie möchten, schicken Sie einen Brief oder eine E-Mail an:

Isabel Nitzsche
Redaktionsbüro printTV
Pettenkoferstr. 24
80336 München
E-Mail: Nitzsche@printTV.de

Isabel Nitzsche hält Vorträge und Workshops zu folgenden Themen-Schwerpunkten:
Spielregeln im Job
Networking
Mentoring
Konfliktmanagement
Umgang mit beruflichen Krisen

Weitere Infos unter: www.printTV.de